こっくり甘い濃厚プリン、
まろやかな食感の伝統菓子フラン

高石紀子

CRÈME CARAMEL et FLAN PÂTISSIER

卵が主役のお菓子、プリンとフラン

卵、牛乳、砂糖。
プリンはたったこれだけの材料から作られています。
フランスではcrème caramelと呼ばれるこのお菓子は、
ビストロやブラッスリーのデセールとして愛されてきました。

この本のレシピは、そんなフランスのプリンをイメージして作ったもの。
高さはあまりなく、キャラメルはしっかりと焦がして、
大人向けのデザートとしても楽しんでもらえる仕上がりになっています。
しっかりと卵のこくを感じられて、さっぱり感もある、お気に入りのレシピです。

フラン、といっても、日本ではあまりなじみがないかもしれませんが、
フランスでは人気のおやつです。
ブーランジュリーの棚の片隅にポツンと置かれているような
素朴なお菓子だったはずなのですが、ここ数年、
なぜかパリの高級パティスリーがこぞってフランを作り始めて、
ちょっとしたブームになっています。

基本的にはパイ生地の上に、卵、牛乳、砂糖、少量の粉で
作ったアパレイユを流し込んで焼いたシンプルなお菓子ですが、
妙にくせになるおいしさがあります。
せっかく手作りするのなら、ぜひ焼きたてを食べてみてください。
サクッとしたパイに、とろりとしたやわらかい生地を味わえるのは
やはり手作りだからこそ。私は少し温かい状態で食べるのが大好きなんです。

ともに卵が主役のお菓子。材料はすぐにそろいます。
冷蔵庫に卵があったなら、どうぞ気軽に作ってみてくださいね。

高石紀子

Sommaire

卵が主役のお菓子、 2
プリンとフラン

材料について 6
道具について 7

CRÈME CARAMEL

プリン

基本のプリン 8

風味を変える　チョコレート 12
　　　　　　　コーヒーとラム酒 12
　　　　　　　クリームチーズ 13
　　　　　　　くるみ 13

香りのプリン　チャイ 16
　　　　　　　ウーロン茶 17
　　　　　　　ローズマリーとレモン ... 20
　　　　　　　ミント 21

くだものと合わせる　グレープフルーツ 22
　　　　　　　りんご 24
　　　　　　　バナナとカルダモン ... 26
　　　　　　　いちじくと赤ワイン ... 26

野菜の甘み　かぼちゃとメープル ... 28
　　　　　　　とうもろこし 30

Japonais　　抹茶と黒蜜 32
　　　　　　　しょうが 33
　　　　　　　豆乳と黒糖 36
　　　　　　　プリン・ア・ラ・モード ... 37

ゼラチンで固める　マンゴーとライム 38
　　　　　　　黒ごま 40
　　　　　　　甘酒 41
　　　　　　　ばら 42

FLAN PÂTISSIER
フラン

基本のフラン　46

風味を変える	チョコレート	50
	キャラメル	50
	コーヒーのオレンジ風味	52
	クリームチーズ	54
お茶のフラン	紅茶とフランボワーズ	56
	抹茶	58
エキゾチック	パイナップルとサワークリーム	60
	マンゴーとパッションフルーツ	62
くだものと合わせる	バナナとくるみ	64
	オレンジ	66
スパイスとくだもの	りんごのシナモン風味	68
	いちじくと黒こしょう	68
	洋梨とピンクペッパー	70
ドライフルーツと	アプリコットとチョコレート	72
	ラムレーズンとアーモンド	74

卵白1個分で作れるお菓子	ココアのムラング	44
	ウフ・ア・ラ・ネージュ	45
フランの仲間	チェリーのクラフティ	76
	ファーブルトン	78
	オレンジのパンプディング	79

この本の使い方

○材料の分量は「正味」です。くだものや野菜は、皮や種など、通常は不要とされる部分は取り除いてから計量してください。皮をつけたまま使用する場合はレシピに明記してあります。
○レモンやオレンジなどの皮は農薬・ポストハーベスト不使用のものを使ってください。
○使用する材料や道具についてはP6、7をご覧ください。型についてはそれぞれP9、47をご覧ください。
○オーブンは電気のコンベクションオーブンを使用しています。焼成温度、時間は機種により異なりますので、様子を見ながら焼いてください。オーブンの火力が弱い場合は焼成温度を10℃上げてください。
○電子レンジは600Wのもの、フライパンはフッ素樹脂加工のものを使っています。
○大さじ1は15㎖、小さじ1は5㎖です。

材料について　LES INGRÉDIENTS

プリンもフランも卵液が中心のお菓子なので材料は似通っています。
フランには粉類と冷凍パイシートが加わります。

1　牛乳
プリンとフラン、両方で使用。一般的な牛乳で構いませんが、低脂肪乳は不向きです。

2　卵
プリンとフラン、両方で使用。白身を切りやすくなるので、必ず常温（約25℃）にもどしましょう。Mサイズ（全卵50g、卵黄20g）を使っていますが、±5g程度なら誤差の範囲内。なるべく新鮮なものを選んでください。

3　グラニュー糖
プリンとフラン、両方で使用。くせがなく、素材の風味を損ないません。混ざりやすい製菓用の微粒子タイプがおすすめ。

4　冷凍パイシート
フランで使用。1枚19cm四方（150g）ぐらいのサイズが使いやすいでしょう。常温で解凍すると端と中央で解凍の度合いにむらができやすいので、冷蔵室で解凍してください。BELLAMY'Sのものはバターの風味が濃厚でおすすめ。

5　薄力粉
フランで使用。この本では製菓用の「スーパーバイオレット」を使用しています。少量しか使わないので基本的にふるう必要はありません。

6　強力粉
フランで打ち粉として使用。打ち粉は生地が作業台やめん棒などにくっついてしまわないように散らすもの。粒子が粗く、生地に吸収されにくい強力粉が適しています。手に入りやすい「カメリヤ」で構いません。

道具について　LES USTENSILES

特殊な道具は使っていません。
お菓子作りの基本的な道具があれば十分です。

1 バット
プリンを湯せん焼きするときに使用。底が平らで深さがあり、オーブンで使用可能な耐熱素材のものを選んでください。プリン6個を作る場合には、ステンレス製で外寸約30cm×23cm×高さ4.9cmの角バットを使っていますが、自分の型やオーブンに合うお好みのものを使用してください。

2 ゴムべら
しなやかで混ぜやすい耐熱シリコン製がおすすめ。粉類を混ぜるときはもちろん、アパレイユやソースなどを作る際にも使います。

3 泡立て器
ワイヤーの本数が多く、丈夫で弾力のあるステンレス製がよいでしょう。力が入りやすく、混ぜやすいのは、長さ25〜30cmくらいのものです。

4 こし器
プリンのアパレイユをこして、泡を取り除くために使用。網部分が二重になっているものだとプリンがよりなめらかに仕上がります。

5 ボウル
プリンやフランのアパレイユを作るボウルは、直径18〜21cmほどのステンレス製が使いやすいでしょう。卵をほぐしたり、くだものの果汁を搾ったりするときなどには、小さめのものもあると便利。

6 ペーパータオル
プリンを焼く際にバットに敷いたり、プリンのアパレイユの泡を取り除くときなどに使用。

7 めん棒
フランでパイシートをのばすときに使用。少し長めの、重みのあるものだと力が入りやすく、均一にのばしやすいでしょう。

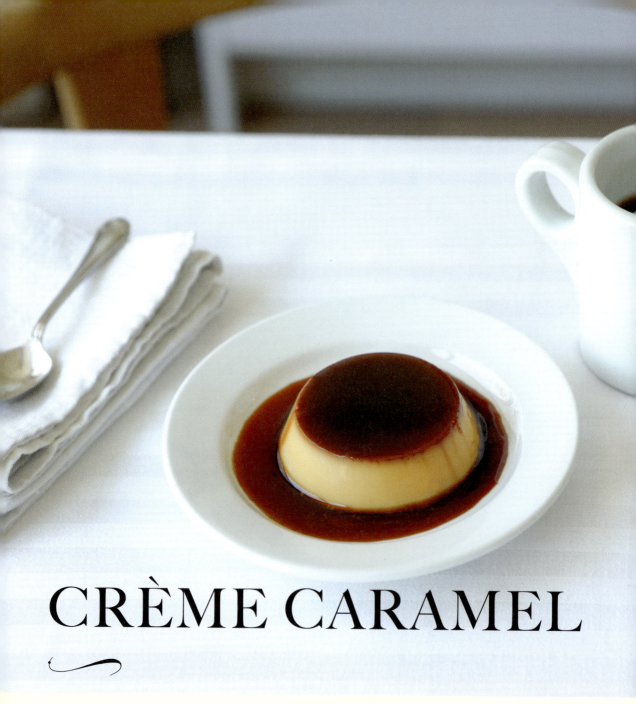

CRÈME CARAMEL

8 プリン

全卵2つだけで作るか、卵黄を1つ増やすかで非常に悩んだのですが、
やはりそのおいしさには勝てず、全卵2つと卵黄1つの配合にしました。
卵黄1つが加わることで風味が増し、ぐんとおいしくなるんですよね。
キャラメルは苦めの仕上がり。プリン本体とのメリハリを利かせて、
飽きのこない味になっています。何度作っても、何度食べても、
やっぱりおいしいなと思える基本の配合になったと思います。
余った卵白でP44のムラングなどを作ってみてください。

CRÈME CARAMEL
基本のプリン
classique

材料（プリンカップ6個分）

キャラメル
- グラニュー糖　50g
- 水　小さじ1
- 熱湯　20ml

牛乳　300ml
全卵　2個分（100g）
卵黄　1個分（20g）
グラニュー糖　60g

下準備

○卵は常温（約25℃）にもどす。
→冷たいと卵白のこしが切りにくくなる。

○バットにペーパータオルを敷き、プリンカップを均等に並べ、バットごとオーブンの天板にのせる。
→ペーパータオルによって火のあたりがやわらかくなり、熱がゆっくりと入る。のちほどバットには湯を注ぐ。

○オーブンはほどよいタイミングで150℃に予熱する。
→予熱時間は機種によって異なるので、タイミングを見て予熱を始めること。

使用する型
本書でおもに使用しているのはこの3種。カップは扱いやすいステンレス製がおすすめ。

プリンカップ
本書の基本のプリンカップ。外寸の直径は約8cm、内寸は7.5cmのステンレス製で、容量は約130ml。高さは約4cmあるが、生地はこの7割程度までしか入れない。アルミ製だとあらかじめ内側にバターを塗る必要があり、焼き時間は5分ほど短くなる。

プリンカップ（縦長）
高さのあるプリンを作るならこのタイプ。直径約6cm、高さ約5.5cmのステンレス製。基本のプリンカップの分量だと、このプリンカップの7分目まで生地を入れた場合、8個分となる。容量は約100ml。

ココット
直径約7.5cmの耐熱性。ココットで作る場合はプリンを抜く必要がない。キャラメルなどは上からかけるとよい。プレゼントするならこちらがおすすめ。

CRÈME CARAMEL 基本のプリン *classique*

作り方

1. キャラメルを作る。小鍋にグラニュー糖と水を入れ、あまり動かさずに中火で熱しⓐ、グラニュー糖が半分ほど溶けて色づいてきたら、小鍋を揺すってまんべんなく火を通すⓑ。完全に溶けて色が濃くなったらⓒ、火を止めてひと呼吸おき、熱湯をへらに伝わせながら2回に分けて加えⓓ、そのつどよく混ぜる。とろみがついたら熱いうちにプリンカップに等分に流し入れるⓔ。
   - → 最初からへらを使って混ぜるとグラニュー糖が結晶化し、かたまりができてしまうので注意。
   - → グラニュー糖が溶けると、小さな泡が出てきて、次第に大きな泡に変化する。大きな泡が出てから1分ほどで濃口しょうゆくらいの色になるので、そこで火を止める。しっかり焦がしたほうが全体の味が引き締まるが、苦みを抑えたい場合はメープルシロップくらいの色みで止めるとよい。
   - → 熱湯を加えるときははねやすいので要注意。キャラメルが硬くなってしまったらさらに熱湯大さじ1（分量外）を加えてよく混ぜる。

2. 鍋に牛乳を入れて中火で熱し、人肌よりやや熱い程度（約40℃）にするⓕ。
   - → 牛乳を温めるのは砂糖を溶かすため。ただし牛乳の温度が高すぎると卵が固まってしまう。

3. ボウルに全卵と卵黄を入れて泡立て器で溶きほぐし、グラニュー糖を加え、卵白を切るようにして静かによく混ぜるⓖ。
   - → 泡立ててしまうとすが入る原因となるので、これ以降の工程は、すべて泡が立たないように静かに行う。卵白のこしが切れればOK。

4. 2の牛乳を2、3回に分けて加え、そのつど泡立て器で静かに混ぜるⓗ。グラニュー糖が溶けたら、別のボウルで受けながらこし器でこすⓘ。卵液の表面にペーパータオルをかぶせ、静かにはずして気泡を取り除くⓙ。
   - → こし器でこす際も泡が立たないように静かに注ぐ。
   - → ペーパータオルは、手前から奥に表面をすべらせながらはずすと、気泡がきれいに取れる。

㋐

5. 4をレードルでプリンカップに等分に注ぎ入れるⓚ。下のバットに湯（約40℃）をカップの⅓ほどの高さまで加えⓛ、予熱したオーブンに天板をセットし、35分ほど焼く。生地の表面を指で押して、軽い弾力があればできあがりⓜ。カップを網にのせて冷ましⓝ、粗熱がとれたら冷蔵室に入れて6時間以上冷やす。
   - → 卵液をプリンカップに入れる際も静かに。
   - → 表面に泡がある場合は、霧吹きで水を吹きかけると取れる㋐。竹串で泡をつぶしてもよい。
   - → 湯せん用の湯は給湯器のもので構わない。温度が高すぎるとすが入る原因になるので注意。
   - → 焼き上がりに揺らしてみてゆっくりと揺れたらまだ火が通っていない証。竹串を刺してみてもよい。なにもついてこなければOK。焼きが足りない場合はさらに5分ずつ様子を見ながら焼く。

㋑

6. 水で濡らしたスプーンで生地の縁をやさしく押し、生地とカップのあいだに空気を入れるようにしながら一周させるⓞ。カップの上に皿をのせてⓟ逆さにし、皿とカップをしっかり持って2、3回ふりⓠ、プリンをはずすⓡ。
   - → 型から抜けない場合はペティナイフなどを生地とカップのあいだに差し込んで空気を入れるとよい㋑。

Note
- ○ 高さを出さず、硬めに仕上げ、キャラメルは苦めにし、大人っぽく仕上げた。
- ○ おいしくいただくには焼いた翌日がおすすめ。ラップをかけておけば2、3日は冷蔵保存可能。
- ○ 1.5倍の分量で15cm共底丸型でも作れる。温度・時間は130℃で60〜70分。抜くときは同様に縁を押さえてすき間を作り、ペティナイフを縁に差し込み㋒、型の底を弱めの中火で5〜15秒ほど温め㋓、深さのある皿をかぶせて裏返す㋔。崩れやすいので注意。

㋒　㋓

㋔

CRÈME CARAMEL
チョコレート
au chocolat
→ P14

CRÈME CARAMEL

風味を変える

チョコレートやコーヒーを加えて、
さまざまな風味にアレンジします。
固形物でもプロセッサーで細かくすれば、
混ぜ合わせることができます。

CRÈME CARAMEL
コーヒーとラム酒
au café et au rhum
→ P14

CRÈME CARAMEL
クリームチーズ
au fromage frais
→ P15

CRÈME CARAMEL
くるみ
aux noix
→ P15

CRÈME CARAMEL チョコレート au chocolat

材料（プリンカップ6個分）
キャラメル
| グラニュー糖　50g
| 水　小さじ1
| 熱湯　20ml
牛乳　330ml
A
| ココアパウダー　大さじ2
| チョコレート（スイート）ⓐ　40g
全卵　2個分（100g）
卵黄　1個分（20g）
グラニュー糖　60g
クレーム・シャンティイ
| 生クリーム（乳脂肪分35％）　100ml
| グラニュー糖　10g
カカオニブⓑ　適量

下準備
○卵は常温（約25℃）にもどす。
○バットにペーパータオルを敷き、プリンカップを均等に並べ、バットごとオーブンの天板にのせる。
○ココアパウダーはふるう。
○チョコレートは細かく刻む。
○オーブンはほどよいタイミングで150℃に予熱する。

> *Note*　○4で牛乳を加えたあと、ブランデーやラム酒を少々加え混ぜると、大人っぽい味になる。

ⓐ チョコレート
製菓用のクーベルチュールチョコレートがおすすめ。ここではヴァローナ社のスイートタイプ「グアナラ」（カカオ分70％）を使用。

ⓑ カカオニブ
カカオ豆の胚乳を低温で乾燥し、砕いてフレークにしたもの。カカオの香りと、少し酸味のある苦み、ナッツのようなカリカリとした食感が特徴。

作り方
1　キャラメルを作る。小鍋にグラニュー糖と水を入れ、あまり動かさずに中火で熱し、グラニュー糖が半分ほど溶けて色づいてきたら、小鍋を揺すってまんべんなく火を通す。完全に溶けて色が濃くなったら、火を止めてひと呼吸おき、熱湯をへらに伝わせながら2回に分けて加え、そのつどよく混ぜる。とろみがついたら熱いうちにプリンカップに等分に流し入れる。

2　鍋に牛乳を入れて中火で熱し、沸騰直前まで温める。Aを加え、5秒ほどおいて泡立て器で静かに混ぜる。

3　ボウルに全卵と卵黄を入れて泡立て器で溶きほぐし、グラニュー糖を加え、卵白を切るようにして静かによく混ぜる。

4　2を2、3回に分けて加え、そのつど泡立て器で静かに混ぜる。グラニュー糖が溶けたら、別のボウルで受けながらこし器でこす。卵液の表面にペーパータオルをかぶせ、静かにはずして気泡を取り除く。

5　4をレードルでプリンカップに等分に注ぎ入れる。下のバットに湯（約40℃）をカップの⅓ほどの高さまで加え、予熱したオーブンに天板をセットし、35分ほど焼く。生地の表面を指で押して、軽い弾力があればできあがり。カップを網にのせて冷まし、粗熱がとれたら冷蔵室に入れて6時間以上冷やす。

6　水で濡らしたスプーンで生地の縁をやさしく押し、生地とカップのあいだに空気を入れるようにしながら一周させる。カップの上に皿をのせて逆さにし、皿とカップをしっかり持って2、3回ふり、プリンをはずす。

7　クレーム・シャンティイを作る。ボウルに生クリームとグラニュー糖を入れ、ボウルの底を氷水に当てながらハンドミキサーの高速で1分〜1分30秒ほど泡立てる。とろみがついたら低速にし、軽く角が立つくらいにする。

8　7の適量をスプーンですくって6のプリンにのせ、カカオニブを散らす。

CRÈME CARAMEL コーヒーとラム酒 au café et au rhum

材料（プリンカップ6個分）
キャラメル
| グラニュー糖　50g
| 水　小さじ1
| 熱湯　20ml
牛乳　290ml
A
| インスタントコーヒー　大さじ2
全卵　2個分（100g）
卵黄　1個分（20g）
グラニュー糖　60g
ラム酒ⓐ　大さじ1

ⓐ ラム酒
サトウキビの糖蜜が原料の蒸留酒。ダーク、ゴールド、ホワイトの3種類に分けられ、それぞれ風味が異なる。お菓子作りにはダークが使われることが多い。

下準備
○卵は常温（約25℃）にもどす。
○バットにペーパータオルを敷き、プリンカップを均等に並べ、バットごとオーブンの天板にのせる。
○オーブンはほどよいタイミングで150℃に予熱する。

作り方
1　上の「チョコレート」の1〜6と同様に作る。ただし2で牛乳は人肌よりやや熱い程度（約40℃）に温める。4でグラニュー糖が溶けたら、こす前にラム酒を加えてさっと混ぜる。

> *Note*　○コーヒーのほろ苦さを楽しむ、大人向けのプリン。ラム酒は香りが飛ばないように、卵液をよく混ぜたあとに加える。
> ○子ども用にはラム酒を加えなくてもよい。

CRÈME CARAMEL クリームチーズ *au fromage frais*

材料（ココット8個分）

キャラメル
- グラニュー糖　50g
- 水　小さじ1
- 熱湯　20mℓ

牛乳　300mℓ
クリームチーズ　160g
全卵　2個分(100g)
卵黄　1個分(20g)
グラニュー糖　60g

下準備
- 卵は常温（約25℃）にもどす。
- クリームチーズは常温（約25℃）にもどしてやわらかくする ⓐ。
- バットにペーパータオルを敷き、ココットを均等に並べ、バットごとオーブンの天板にのせる。
- オーブンはほどよいタイミングで150℃に予熱する。

Note
- なめらかな口当たりと濃厚な味わいが楽しめる、チーズケーキのような味のプリン。キャラメル抜きで作ってもおいしい。
- クリームチーズはラップで包んで様子を見ながら数秒ずつ電子レンジにかけて、やわらかくしてもよい。指で押すと跡がつくくらいが目安。

作り方
1. キャラメルをP14「チョコレート」の**1**と同様に作る。ただしプリンカップでなくココットに流し入れる。
2. 鍋に牛乳を入れて中火で熱し、人肌よりやや熱い程度（約40℃）にする。
3. ボウルにクリームチーズを入れ、ゴムべらで混ぜて硬さを均一にする ⓑ。
4. 別のボウルに全卵と卵黄を入れて泡立て器で溶きほぐし、グラニュー糖を加え、卵白を切るようにして静かによく混ぜる。少しずつ3のボウルに注ぎ入れ、そのつど泡立て器で静かに混ぜる。
5. **2**の牛乳を2、3回に分けて加え、そのつど泡立て器で静かに混ぜる。グラニュー糖が溶けたら、別のボウルで受けながらこし器でこす。卵液の表面にペーパータオルをかぶせ、静かにはずして気泡を取り除く。
6. **5**をレードルでココットに等分に注ぎ入れる。下のバットに湯（約40℃）をココットの⅓ほどの高さまで加え、予熱したオーブンに天板をセットし、35分ほど焼く。生地の表面を指で押して、軽い弾力があればできあがり。ココットを網にのせて冷まし、粗熱がとれたら冷蔵室に入れて6時間以上冷やす。

ⓐ ⓑ

風味を変える

CRÈME CARAMEL くるみ *aux noix*

材料（プリンカップ6個分）

キャラメル
- グラニュー糖　50g
- 水　小さじ1
- 熱湯　20mℓ

くるみ（ロースト済み）　30g
牛乳　100mℓ+220mℓ
全卵　2個分(100g)
卵黄　1個分(20g)
グラニュー糖　60g

下準備
- 卵は常温（約25℃）にもどす。
- バットにペーパータオルを敷き、プリンカップを均等に並べ、バットごとオーブンの天板にのせる。
- オーブンはほどよいタイミングで150℃に予熱する。

作り方
1. キャラメルをP14「チョコレート」の**1**と同様に作る。
2. 縦長の容器などにくるみを手で粗く砕いて入れ、牛乳100mℓを加えてハンディプロセッサーで撹拌する。くるみが粉状になったら残りの牛乳220mℓを加えて再び撹拌する ⓐ。鍋に移して中火で熱し、沸騰直前で火を止め、ふたをして5分ほどおく ⓑ。
3. P14「チョコレート」の**3〜6**と同様に作る。ただし**4**でこす必要はない。

Note
- くるみと牛乳を熱し、ふたをしてしばらくおくことで、くるみのよい香りを牛乳に移す。
- くるみの風味を残すために卵液はこさない。すべての工程でなるべく泡が立たないように気をつけること。

CRÈME CARAMEL

香りのプリン

お茶やハーブを使ったプリンは香り豊か。
苦みのきいたキャラメルにはもちろんのこと、
甘いシロップにもよく合います。

CRÈME CARAMEL
チャイ
au thé chai
→ P18

CRÈME CARAMEL
ウーロン茶
au thé oolong
→ P18

CRÈME CARAMEL チャイ ~ au thé chai

材料（プリンカップ6個分）
キャラメル
|　グラニュー糖　50g
|　水　小さじ1
|　熱湯　20㎖
紅茶の茶葉（アールグレイ）ⓐ　大さじ2
熱湯　大さじ2
牛乳　300㎖
全卵　2個分（100g）
卵黄　1個分（20g）
グラニュー糖　60g
シナモンパウダー　小さじ½

下準備
○卵は常温（約25℃）にもどす。
○バットにペーパータオルを敷き、プリンカップを均等に並べ、バットごとオーブンの天板にのせる。
○オーブンはほどよいタイミングで150℃に予熱する。

Note
○紅茶にスパイスの風味を加えたエキゾチックなプリン。お好みでクレーム・シャンティイを添えてもおいしい。
○湯が少量なので2の鍋では沸かさず、別途用意する。熱湯で紅茶の茶葉を開かせたあとに牛乳を加えて熱し、ふたをしてしばらくおくことで、紅茶の香りをしっかりと牛乳に移す。

ⓐ 紅茶（アールグレイ）
ベルガモットの香りをつけたフレーバーティーの一種。香りが立つのでお菓子の風味づけに向いている。ここで使用したのはマリアージュフレールのもの。

作り方
1. キャラメルを作る。小鍋にグラニュー糖と水を入れ、あまり動かさずに中火で熱し、グラニュー糖が半分ほど溶けて色づいてきたら、小鍋を揺すってまんべんなく火を通す。完全に溶けて色が濃くなったら、火を止めてひと呼吸おき、熱湯をへらに伝わせながら2回に分けて加え、そのつどよく混ぜる。とろみがついたら熱いうちにプリンカップに等分に流し入れる。
2. 鍋に紅茶の茶葉と熱湯を入れてふたをし、3分ほどおくⓑ。
3. 牛乳を加えて中火で熱し、沸騰直前で火を止めてふたをし、さらに1分ほどおく。
4. ボウルに全卵と卵黄を入れて泡立て器で溶きほぐし、グラニュー糖を加え、卵白を切るようにして静かによく混ぜる。シナモンパウダーをふるいながら加え、静かに混ぜる。
5. 3を2、3回に分けて加え、そのつど泡立て器で静かに混ぜる。グラニュー糖が溶けたら、別のボウルで受けながらこし器でこす。卵液の表面にペーパータオルをかぶせ、静かにはずして気泡を取り除く。
6. 5をレードルでプリンカップに等分に注ぎ入れる。下のバットに湯（約40℃）をカップの⅓ほどの高さまで加え、予熱したオーブンに天板をセットし、35分ほど焼く。生地の表面を指で押して、軽い弾力があればできあがり。カップを網にのせて冷まし、粗熱がとれたら冷蔵室に入れて6時間以上冷やす。
7. 水で濡らしたスプーンで生地の縁をやさしく押し、生地とカップのあいだに空気を入れるようにしながら一周させる。カップの上に皿をのせて逆さにし、皿とカップをしっかり持って2、3回ふり、プリンをはずす。

CRÈME CARAMEL ウーロン茶 ~ au thé oolong

材料（ココット6個分）
ウーロン茶の茶葉　大さじ4
熱湯　大さじ4
牛乳　300㎖
全卵　2個分（100g）
卵黄　1個分（20g）
きび砂糖　60g
きび砂糖シロップ
|　きび砂糖ⓐ　30g
|　水　30g

下準備
○卵は常温（約25℃）にもどす。
○バットにペーパータオルを敷き、ココットを均等に並べ、バットごとオーブンの天板にのせる。
○オーブンはほどよいタイミングで150℃に予熱する。

作り方
1. 上の「チャイ」の2～6と同様に作る。ただし2では紅茶の茶葉の代わりにウーロン茶の茶葉を使い、ふたをして5分ほどおく。3ではふたをして5分ほどおく。4ではグラニュー糖の代わりにきび砂糖を使い、シナモンパウダーは加えない。6ではプリンカップでなくココットに注ぎ入れる。
2. きび砂糖シロップを作る。小鍋にきび砂糖と水を入れて中火で熱し、沸騰したらひと呼吸おいて火を止める。冷めたら1のプリンに適量をかける。

Note
○ウーロン茶が意外なほど香るさっぱりとしたプリン。
○きび砂糖はこくがあり、ウーロン茶の香りを引き立たせる。グラニュー糖で代用すると香りが弱くなるので注意。
○ジャスミン茶やほうじ茶など、他のお茶の茶葉で同様に作ってもおいしい。分量は同じ。

ⓐ きび砂糖
精製途中の砂糖液を煮詰めて作る砂糖。ミネラルを含み、やさしい甘さとこくがある。

CRÈME CARAMEL ローズマリーとレモン
au romarin et au citron

材料（ココット6個分）
牛乳　300ml
ローズマリー　1枝(10cm)＋適量
全卵　2個分(100g)
卵黄　1個分(20g)
グラニュー糖　60g
レモンコンフィ
　レモンの皮　1/2個分　＊切り方は下準備参照
　グラニュー糖　40g
　水　40ml
　レモン果汁　小さじ2

下準備
○卵は常温（約25℃）にもどす。
○バットにペーパータオルを敷き、ココットを均等に並べ、バットごとオーブンの天板にのせる。
○オーブンはほどよいタイミングで150℃に予熱する。
○レモンは上下を薄く切り落とし、1/2個分の皮を薄皮ごと縦に切り落とす ⓐ。白いわたを削ぎ落とし ⓑ、黄色い表皮を長さ5cm程度のせん切りにする ⓒ。残った果肉を搾ってレモン果汁小さじ2をとっておく。

Note
○清々しい香りのローズマリーとレモンの組み合わせがさわやかなプリン。ローズマリーの風味は日が経つごとに強くなるので、焼き上がりの翌日～翌々日に食べきるのがおすすめ。
○レモンの表皮に白いわたの部分が残ると苦みの原因となるのでしっかり取り除くこと。

作り方
1　鍋に牛乳を入れて中火で熱し、沸騰直前で火を止め、ローズマリー1枝を加えてふたをし、5分ほどおく ⓓ。
2　ボウルに全卵と卵黄を入れて泡立て器で溶きほぐし、グラニュー糖を加え、卵白を切るようにして静かによく混ぜる。
3　1を2、3回に分けて加え（ローズマリーは取り除く）、そのつど泡立て器で静かに混ぜる。グラニュー糖が溶けたら、別のボウルで受けながらこし器でこす。卵液の表面にペーパータオルをかぶせ、静かにはずして気泡を取り除く。
4　3をレードルでココットに等分に注ぎ入れる。下のバットに湯（約40℃）をココットの1/3ほどの高さまで加え、予熱したオーブンに天板をセットし、35分ほど焼く。生地の表面を指で押して、軽い弾力があればできあがり。ココットを網にのせて冷まし、粗熱がとれたら冷蔵室に入れて6時間以上冷やす。
5　レモンコンフィを作る。小鍋にたっぷりの水（分量外）とレモンの表皮を入れて強火で沸騰させ、ざるにあげる。これをもう一度繰り返す。
6　別の鍋にグラニュー糖、水、5のレモンの表皮を入れて中火で熱し、沸騰したらひと呼吸おいて火を止め、レモン果汁を加えて混ぜる。粗熱がとれたら冷蔵室で冷やす。
7　6を4に等分にのせ、ローズマリー適量を適当な大きさに切って飾る。

ⓐ　ⓑ　ⓒ　ⓓ

CRÈME CARAMEL
ミント
à la menthe

材料（プリンカップ6個分）
キャラメル
　グラニュー糖　50g
　水　小さじ1
　熱湯　20ml
牛乳　300ml
ミントの葉　6g＋適量
全卵　2個分(100g)
卵黄　1個分(20g)
グラニュー糖　60g

下準備
○卵は常温（約25℃）にもどす。
○バットにペーパータオルを敷き、プリンカップを均等に並べ、バットごとオーブンの天板にのせる。
○オーブンはほどよいタイミングで150℃に予熱する。

Note
○ミントの風味は日が経つごとに強くなるので、焼き上がりの翌日～翌々日に食べきる。

作り方
1　P18の「チャイ」の1と同様にキャラメルを作る。
2　鍋に牛乳を入れて中火で熱し、沸騰直前で火を止め、ミントの葉6gを加えてふたをし、5分ほどおく。
3　ボウルに全卵と卵黄を入れて泡立て器で溶きほぐし、グラニュー糖を加え、卵白を切るようにして静かによく混ぜる。
4　2を2、3回に分けて加え、そのつど泡立て器で静かに混ぜる。グラニュー糖が溶けたら、別のボウルで受けながらこし器でこす。卵液の表面にペーパータオルをかぶせ、静かにはずして気泡を取り除く。
5　4をレードルでプリンカップに等分に注ぎ入れる。下のバットに湯（約40℃）をカップの1/3ほどの高さまで加え、予熱したオーブンに天板をセットし、35分ほど焼く。生地の表面を指で押して、軽い弾力があればできあがり。カップを網にのせて冷まし、粗熱がとれたら冷蔵室に入れて6時間以上冷やす。
6　水で濡らしたスプーンで生地の縁をやさしく押し、生地とカップのあいだに空気を入れるようにしながら一周させる。カップの上に皿をのせて逆さにし、皿とカップをしっかり持って2、3回ふり、プリンをはずす。ミントの葉適量を添える。

CRÈME CARAMEL
ローズマリーとレモン
au romarin et au citron
→ P19

CRÈME CARAMEL
ミント
à la menthe
→ P19

CRÈME CARAMEL

くだものと合わせる

プリンは、もともとはいろいろな具材を
卵液でまとめて、焼いていたお菓子。
フルーツを入れるとリッチなデザートに。

CRÈME CARAMEL
グレープフルーツ
au pamplemousse

材料（ココット6個分）
牛乳　340㎖
グレープフルーツ　1個
全卵　2個分（100g）
卵黄　1個分（20g）
グラニュー糖　60g
キャラメルソース
　グレープフルーツ果汁　40㎖
　グラニュー糖　50g
　水　小さじ1
　熱湯　大さじ1

前日の下準備
○グレープフルーツは上下を薄く切り落とし ⓐ、皮を薄皮ごと縦に切り落とす ⓑ。果肉に残った白いわたを削ぎ落とす ⓒ。皮は残った果肉と黄色い表皮を削ぎ落とし ⓓ、白いわたを取り出す ⓔ。ボウルに牛乳とわたを入れ ⓕ、ラップをして冷蔵室にひと晩おく。
○ボウルの上でグレープフルーツの薄皮と果肉のあいだに包丁を入れて果肉を1房ずつ取り出し ⓖ、バットなどに入れて、ラップをして冷蔵室で冷やす。ボウルに落ちた果汁と、薄皮に残った果肉を搾った果汁 ⓗ を合わせて40㎖分をとっておき、キャラメルソースに使う ⓘ。

下準備
○卵は常温（約25℃）にもどす。
○バットにペーパータオルを敷き、ココットを均等に並べ、バットごとオーブンの天板にのせる。
○オーブンはほどよいタイミングで150℃に予熱する。

Note
○グレープフルーツのほろ苦さと酸味が加わった、さっぱり風味のプリン。グレープフルーツの果肉は時間が経つと果汁が出てきて、キャラメルソースが薄まるので、6 は食べる数時間前〜直前に行うのがおすすめ。
○グレープフルーツの果肉を取り出す際は、果汁が出てくるのでボウルで受け止める。グレープフルーツの果汁が40㎖に足りなかった場合は、水（分量外）を足して40㎖にする。
○グレープフルーツのわたに表皮や果肉が残っていると牛乳が分離する原因となるので、しっかり取り除くこと。

作り方
1. 鍋にひと晩おいた牛乳とグレープフルーツのわたを入れて中火で熱し、沸騰直前で火を止める ⓙ。
2. ボウルに全卵と卵黄を入れて泡立て器で溶きほぐし、グラニュー糖を加え、卵白を切るようにして静かによく混ぜる。
3. 1の牛乳の半量を加え、泡立て器で静かに混ぜる ⓚ。さらに残りの牛乳をこし器でこしながら加え（ゴムべらでわたを押して牛乳を残さずボウルに入れる ⓛ）てよく混ぜ、グラニュー糖が溶けたら、別のボウルで受けながらこし器でこす。卵液の表面にペーパータオルをかぶせ、静かにはずして気泡を取り除く。
4. 3をレードルでココットに等分に注ぎ入れる。下のバットに湯（約40℃）をココットの⅓ほどの高さまで加え、予熱したオーブンに天板をセットし、35分ほど焼く。生地の表面を指で押して、軽い弾力があればできあがり。ココットを網にのせて冷まし、粗熱がとれたら冷蔵室に入れて6時間以上冷やす。
5. キャラメルソースを作る。グレープフルーツ果汁は電子レンジで30〜40秒ほど、沸騰直前まで温めておく。小鍋にグラニュー糖と水を入れ、あまり動かさずに中火で熱し、グラニュー糖が半分ほど溶けて色づいてきたら、小鍋を揺すってまんべんなく火を通す。完全に溶けて色が濃くなったら、火を止めてひと呼吸おき、熱湯をへらに伝わせながら2回に分けて加え、そのつどよく混ぜる。グレープフルーツの果汁を加えて混ぜ、そのままおいて冷ます。
6. 4に冷やしておいたグレープフルーツの果肉を等分にのせ、5の適量をかける。

くだものと合わせる

CRÈME CARAMEL
りんご
aux pommes

材料（ココット8個分）

りんごのキャラメリゼ
- りんご　1個(200g)
- バター(食塩不使用)　10g
- グラニュー糖　30g
- ブランデー　小さじ2

牛乳　200mℓ
生クリーム(乳脂肪分35%)　100mℓ
全卵　2個分(100g)
卵黄　1個分(20g)
グラニュー糖　60g
ブランデー　大さじ1

下準備
- 卵は常温(約25℃)にもどす。
- バットにペーパータオルを敷き、ココットを均等に並べ、バットごとオーブンの天板にのせる。
- オーブンはほどよいタイミングで150℃に予熱する。

作り方

1. りんごのキャラメリゼを作る。りんごは皮をむいて16等分のくし形に切り、さらに長さを半分に切るⓐ。フライパンにバターを入れて中火で熱し、バターが溶けたらグラニュー糖を加え、フライパンを揺すってまんべんなく火を通すⓑ。濃い茶色になったらⓒりんごを加えて絡めⓓ、さらにブランデーを加えて、ときどき混ぜながら5分ほど加熱し、りんごに竹串を刺して少し硬さが残るくらいになったらⓔバットなどに移す。冷めたらココットに等分に入れるⓕ。

2. 鍋に牛乳と生クリームを入れて中火で熱し、人肌よりやや熱い程度(約40℃)にする。

3. ボウルに全卵と卵黄を入れて泡立て器で溶きほぐし、グラニュー糖を加え、卵白を切るようにして静かによく混ぜる。

4. 2を2、3回に分けて加え、そのつど泡立て器で静かに混ぜる。グラニュー糖が溶けたらブランデーを加えてさっと混ぜ、別のボウルで受けながらこし器でこす。卵液の表面にペーパータオルをかぶせ、静かにはずして気泡を取り除く。

5. 4をレードルでココットに等分に注ぎ入れる。下のバットに湯(約40℃)をココットの⅓ほどの高さまで加え、予熱したオーブンに天板をセットし、35分ほど焼く。生地の表面を指で押して、軽い弾力があればできあがり。ココットを網にのせて冷まし、粗熱がとれたら冷蔵室に入れて6時間以上冷やす。

Note
- 生クリームが入ったプリンは濃厚な味わいで、りんごのキャラメリゼによく合う。冷蔵庫に入れて冷やさず、温かい状態で食べてもおいしい。
- りんごは形が崩れにくく、酸味が強い紅玉かふじがおすすめ。
- 子ども用にはブランデーを加えなくてもよい。

くだものと合わせる

CRÈME CARAMEL
バナナと
カルダモン
*à la banane et
à la cardamome*

CRÈME CARAMEL
いちじくと
赤ワイン
*aux figues et
au vin rouge*

バナナとカルダモン

材料（ココット8個分）
牛乳　300mℓ
全卵　2個分（100g）
卵黄　1個分（20g）
グラニュー糖　50g
カルダモンパウダーⓐ　小さじ½
バナナ　1本（100g）
キャラメルソース
 グラニュー糖　40g
 水　小さじ1
 熱湯　40mℓ

下準備
○卵は常温（約25℃）にもどす。
○バナナをフォークの背で食感が残るくらいに粗くつぶすⓑ。
○バットにペーパータオルを敷き、ココットを均等に並べ、バットごとオーブンの天板にのせる。
○オーブンはほどよいタイミングで150℃に予熱する。

> **Note**
> ○バナナの甘みと、カルダモンのさわやかな香りがよく合う。冷蔵庫に入れて冷やさず、温かい状態で食べてもおいしい。
> ○バナナは完熟でないほうが、色がきれいに仕上がり、食感も残る。

作り方

1 鍋に牛乳を入れて中火で熱し、人肌よりやや熱い程度（約40℃）にする。

2 ボウルに全卵と卵黄を入れて泡立て器で溶きほぐし、グラニュー糖、カルダモンパウダーを加え、卵白を切るようにして静かによく混ぜる。

3 1の牛乳を2、3回に分けて加え、そのつど泡立て器で静かに混ぜる。グラニュー糖が溶けたら、別のボウルで受けながらこし器でこす。

4 つぶしたバナナを加え、静かに混ぜる。卵液の表面にペーパータオルをかぶせ、静かにはずして気泡を取り除く。

5 4をレードルでココットに等分に注ぎ入れる。下のバットに湯（約40℃）をココットの⅓ほどの高さまで加え、予熱したオーブンに天板をセットし、35分ほど焼く。生地の表面を指で押して、軽い弾力があればできあがり。ココットを網にのせて冷まし、粗熱がとれたら冷蔵室に入れて6時間以上冷やす。

6 キャラメルソースを作る。小鍋にグラニュー糖と水を入れ、あまり動かさずに中火で熱し、グラニュー糖が半分ほど溶けて色づいてきたら、小鍋を揺すってまんべんなく火を通す。完全に溶けて色が濃くなったら、火を止めてひと呼吸おき、熱湯をへらに伝わせながら2回に分けて加え、そのつどよく混ぜる。そのまま冷まし、5に等分にかける。

ⓐ カルダモンパウダー
清涼感のある強い香りが特徴のインド原産のスパイス。カレーやチャイ、焼き菓子などの香りづけに使われる。

いちじくと赤ワイン

材料（ココット8個分）
いちじくのコンポート
 赤ワイン　100mℓ
 水　大さじ2
 グラニュー糖　30g
 シナモンスティックⓐ　1本
 ドライいちじく　90g
牛乳　300mℓ
全卵　2個分（100g）
卵黄　1個分（20g）
グラニュー糖　60g

下準備
○卵は常温（約25℃）にもどす。
○バットにペーパータオルを敷き、ココットを均等に並べ、バットごとオーブンの天板にのせる。
○オーブンはほどよいタイミングで150℃に予熱する。

> **Note**
> ○赤ワインのシロップと濃厚なドライいちじくを組み合わせた、大人向けのプリン。
> ○シナモンスティックはシナモンパウダー小さじ½～1で代用できる。

作り方

1 いちじくのコンポートを作る。小鍋に赤ワイン、水、グラニュー糖、シナモンスティックを入れて中火で熱し、グラニュー糖が溶けて煮立ったらドライいちじくを加える。弱火にして落としぶたをし、5分ほど加熱していちじくがやわらかくなったら火を止め、そのままおいて冷ます。

2 いちじくを取り出して汁けをきり、半分（大きい場合は¼）に切ってⓑ、ココットに等分に入れる。残ったシロップは容器に移し、冷蔵室で冷やす。

3 上の「バナナとカルダモン」の1～5と同様に作る。ただし2ではカルダモンパウダーを入れず、4ではバナナを入れない。

4 2のシロップの適量を3にかける。

ⓐ シナモンスティック
クスノキ科の植物・シナモンの樹皮を乾燥させたもの。甘く、エキゾチックな香りが特徴。スティックそのものは苦いので、飲み物やシロップなどに浸したり、煮出したりして香りを移す。

くだものと合わせる

CRÈME CARAMEL

野菜の甘み

かぼちゃプリンのように、くだものだけでなく、
野菜もまたプリンにはよく合います。
野菜の甘みを活かした2つのレシピです。

CRÈME CARAMEL
かぼちゃとメープル
au potiron et sucre d'érable

材料（17cm×8.5cm×高さ6cmのテリーヌ型1個分）
キャラメル
　グラニュー糖　50g
　水　小さじ1
　熱湯　大さじ1
かぼちゃ　280g（正味）
メープルシュガー ⓐ　80g
牛乳　400mℓ
全卵　4個分（200g）
コーンスターチ ⓑ　小さじ1
ラム酒　小さじ2
クレーム・シャンティイ
　生クリーム（乳脂肪分35%）　100mℓ
　グラニュー糖　10g
シナモンパウダー　適量

下準備
○卵は常温（約25℃）にもどす。
○バットにペーパータオルを敷き、テリーヌ型を置いて、バットごとオーブンの天板にのせる。
○オーブンはほどよいタイミングで150℃に予熱する。

Note
○このレシピのみテリーヌ型ⓒを使用。もちろんプリンカップで作ってもOK。キャラメルの材料以外半分の分量でプリンカップ4個分になる。焼成時間は150℃で35分ほど。
○かぼちゃのやさしい甘さにメープルシュガーのこくが加わった濃厚なプリン。
○5でハンディプロセッサーで攪拌したあとは泡がたくさん立つので、ペーパータオルでしっかりと取り除く。
○子ども用にはラム酒を加えなくてもよい。

ⓐ **メープルシュガー**
サトウカエデの樹液を煮詰めたメープルシロップから、水分を取り除き顆粒状にしたもの。まろやかで上品な甘さと独特の風味があり、カルシウム、カリウムなどのミネラル分も豊富に含む。

ⓑ **コーンスターチ**
とうもろこしを原料とするでんぷん。とろみを加える効果があり、カスタードクリームやプリンなどのなめらかな食感を出すのに使われる。

作り方

1　キャラメルを作る。小鍋にグラニュー糖と水を入れ、あまり動かさずに中火で熱し、グラニュー糖が半分ほど溶けて色づいてきたら、小鍋を揺すってまんべんなく火を通す。完全に溶けて色が濃くなったら、火を止めてひと呼吸おき、熱湯をへらに伝わせながら2回に分けて加え、そのつどよく混ぜる。とろみがついたら熱いうちにテリーヌ型に流し入れる。

2　かぼちゃは2cm角に切り、耐熱性のボウルに入れてふんわりとラップをし ⓓ、電子レンジで4分ほど加熱する。箸がすっと入る程度にやわらかくなったら、熱いうちにメープルシュガーを加え、フォークの背で粗くつぶす ⓔ。

3　鍋に牛乳を入れて中火で熱し、人肌よりやや熱い程度（約40℃）にする。

4　ボウルに全卵を入れ、泡立て器で卵白を切るようにして静かに混ぜる。2を2、3回に分けて加え、さらにコーンスターチ、ラム酒を順に加え、そのつど泡立て器で混ぜて全体になじませる。

5　3の牛乳を2～3回に分けて加え、そのつどハンディプロセッサーで攪拌する。かぼちゃがなめらかなピュレ状になったら ⓕ、別のボウルで受けながらこし器でこし、表面にペーパータオルをかぶせ、静かにはずして気泡を取り除く。

6　5をレードルでテリーヌ型に注ぎ入れる。下のバットに湯（約40℃）をテリーヌ型の1/3ほどの高さまで加え、予熱したオーブンに天板をセットし、45分ほど焼く。130℃に温度を下げ、さらに25分ほど焼く。生地の表面を指で押して、軽い弾力があればできあがり。テリーヌ型を網にのせて冷まし、粗熱がとれたら冷蔵室に入れて6時間以上冷やす。

7　テリーヌ型の底を弱めの中火で5～15秒ほど温め、パレットナイフなどをプリンと型のあいだに差し込んで一周させる。端から1切れ分をスプーンなどで取り出してすき間を作り、型の中で1切れずつ切り分け、ずらしながら取り出して ⓖ、器に盛る。

8　クレーム・シャンティイを作る。ボウルに生クリームとグラニュー糖を入れ、ボウルの底を氷水に当てながらハンドミキサーの高速で1分～1分30秒ほど泡立てる。とろみがついたら低速にし、軽く角が立つくらいにする。

9　8の適量をスプーンですくって7のプリンに添え、シナモンパウダーをふる。

CRÈME CARAMEL
とうもろこし
au maïs

材料（プリンカップ4個分）

キャラメル
- グラニュー糖　50g
- 水　小さじ1
- 熱湯　大さじ1

ホールコーン(缶)ⓐ　1缶(120g)
牛乳　100ml＋100ml
全卵　2個分(100g)
卵黄　1個分(20g)
グラニュー糖　40g

クレーム・シャンティイ
- 生クリーム(乳脂肪分35％)　100ml
- グラニュー糖　10g

ディル　適量

下準備
- 卵は常温（約25℃）にもどす。
- ホールコーンは缶汁をきる。
- バットにペーパータオルを敷き、プリンカップを均等に並べ、バットごとオーブンの天板にのせる。
- オーブンはほどよいタイミングで150℃に予熱する。

Note
- とうもろこしのやさしい甘さとキャラメルのほろ苦さがよく合う。
- ディルの代わりにカカオニブを散らしてもおいしい。

ⓐ ホールコーン(缶)
甘みの強いスイートコーンが原料。水っぽくならないように缶汁をきってから使用すること。

作り方

1. キャラメルを作る。小鍋にグラニュー糖と水を入れ、あまり動かさずに中火で熱し、グラニュー糖が半分ほど溶けて色づいてきたら、小鍋を揺すってまんべんなく火を通す。完全に溶けて色が濃くなったら、火を止めてひと呼吸おき、熱湯をへらに伝わせながら2回に分けて加え、そのつどよく混ぜる。とろみがついたら熱いうちにプリンカップに等分に流し入れる。

2. 縦長の容器などにホールコーンと牛乳100mlを入れ、ハンディプロセッサーで撹拌する。コーンがなめらかになったら残りの牛乳100mlを加え、再び撹拌してよく混ぜるⓑ。鍋に移して中火で熱し、人肌よりやや熱い程度（約40℃）にする。

3. ボウルに全卵と卵黄を入れて泡立て器で溶きほぐし、グラニュー糖を加え、卵白を切るようにして静かによく混ぜる。

4. 2を2、3回に分けて加え、そのつど泡立て器で静かに混ぜる。グラニュー糖が溶けたら、別のボウルで受けながらこし器でこす。卵液の表面にペーパータオルをかぶせ、静かにはずして気泡を取り除く。

5. 4をレードルでプリンカップに等分に注ぎ入れる。下のバットに湯（約40℃）をカップの1/3ほどの高さまで加え、予熱したオーブンに天板をセットし、35分ほど焼く。生地の表面を指で押して、軽い弾力があればできあがり。カップを網にのせて冷まし、粗熱がとれたら冷蔵室に入れて6時間以上冷やす。

6. 水で濡らしたスプーンで生地の縁をやさしく押し、生地とカップのあいだに空気を入れるようにしながら一周させる。カップの上に皿をのせて逆さにし、皿とカップをしっかり持って2、3回ふり、プリンをはずす。

7. クレーム・シャンティイを作る。ボウルに生クリームとグラニュー糖を入れ、ボウルの底を氷水に当てながらハンドミキサーの高速で1分〜1分30秒ほど泡立てる。とろみがついたら低速にし、持ち上げると生クリームがとろりと落ちて跡が残るくらいにする。適量をスプーンですくって6のプリンにかけ、適当な大きさに切ったディルをのせる。

CRÈME CARAMEL

Japonais

江戸時代の後期に伝えられたというプリンは、日本人に愛され続けている希有なお菓子です。和風のレシピをご紹介します。

CRÈME CARAMEL
抹茶と黒蜜
au matcha et kuromitsu
→ P34

CRÈME CARAMEL
しょうが
au gingembre
→ P34

CRÈME CARAMEL 抹茶と黒蜜 ~ au matcha et kuromitsu

材料（ココット6個分）
牛乳　300mℓ
全卵　2個分(100g)
卵黄　1個分(20g)
グラニュー糖　60g
抹茶パウダー ⓐ　大さじ1½
黒蜜
| 黒糖　30g
| 水　大さじ2

下準備
○卵は常温（約25℃）にもどす。
○バットにペーパータオルを敷き、ココットを均等に並べ、バットごとオーブンの天板にのせる。
○抹茶パウダーはふるう。
○オーブンはほどよいタイミングで150℃に予熱する。

Note　○抹茶の苦みと黒糖の甘みがよく合う。
○抹茶と酸味のあるくだものも相性がよいので、黒蜜の代わりにレモンコンフィ(P19)をのせてもおいしい。

作り方
1 鍋に牛乳を入れて中火で熱し、人肌よりやや熱い程度（約40℃）にする。
2 ボウルに全卵と卵黄を入れて泡立て器で溶きほぐし、グラニュー糖を加え、卵白を切るようにして静かによく混ぜる。抹茶パウダーも加えて混ぜ合わせる。
3 1の牛乳を2、3回に分けて加え、そのつど泡立て器で静かに混ぜる。グラニュー糖が溶けたら、別のボウルで受けながらこし器でこす。卵液の表面にペーパータオルをかぶせ、静かにはずして気泡を取り除く。
4 3をレードルでココットに等分に注ぎ入れる。下のバットに湯（約40℃）をココットの⅓ほどの高さまで加え、予熱したオーブンに天板をセットし、35分ほど焼く。生地の表面を指で押して、軽い弾力があればできあがり。ココットを網にのせて冷まし、粗熱がとれたら冷蔵室に入れて6時間以上冷やす。
5 黒蜜を作る。鍋に黒糖と水を入れて弱めの中火で熱し、へらで混ぜながら溶かす。完全に溶けたら火を止めて冷まし、4に適量をかける。

ⓐ 抹茶パウダー
製菓用には通常の抹茶よりも細かく挽いた抹茶パウダーが適している。一保堂茶舗の「初昔」を使用。

CRÈME CARAMEL しょうが ~ au gingembre

材料（プリンカップ6個分）
キャラメル
| グラニュー糖　50g
| 水　小さじ1
| 熱湯　20mℓ
牛乳　300mℓ
しょうが　40g
全卵　2個分(100g)
卵黄　1個分(20g)
グラニュー糖　60g
レモンの皮　適量

下準備
○卵は常温（約25℃）にもどす。
○バットにペーパータオルを敷き、プリンカップを均等に並べ、バットごとオーブンの天板にのせる。
○しょうがは皮ごとすりおろす。
○オーブンはほどよいタイミングで150℃に予熱する。

Note　○しょうがと牛乳を一緒に加熱して、しょうがのよい香りを移した、さっぱり味のプリン。ただし牛乳は加熱しすぎるとしょうがの成分により分離してしまうので、60℃程度で火を止めること。

作り方
1 キャラメルを作る。小鍋にグラニュー糖と水を入れ、あまり動かさずに中火で熱し、グラニュー糖が半分ほど溶けて色づいてきたら、小鍋を揺すってまんべんなく火を通す。完全に溶けて色が濃くなったら、火を止めてひと呼吸おき、熱湯をへらに伝わせながら2回に分けて加え、そのつどよく混ぜる。とろみがついたら熱いうちにプリンカップに等分に流し入れる。
2 鍋に牛乳とすりおろしたしょうがを入れて中火で熱し、60℃程度に温める。
3 ボウルに全卵と卵黄を入れて泡立て器で溶きほぐし、グラニュー糖を加え、卵白を切るようにして静かによく混ぜる。
4 2を2、3回に分けて加え、そのつど泡立て器で静かに混ぜる。グラニュー糖が溶けたら、別のボウルで受けながらこし器でこす。卵液の表面にペーパータオルをかぶせ、静かにはずして気泡を取り除く。
5 4をレードルでプリンカップに等分に注ぎ入れる。下のバットに湯（約40℃）をカップの⅓ほどの高さまで加え、予熱したオーブンに天板をセットし、35分ほど焼く。生地の表面を指で押して、軽い弾力があればできあがり。カップを網にのせて冷まし、粗熱がとれたら冷蔵室に入れて6時間以上冷やす。
6 水で濡らしたスプーンで生地の縁をやさしく押し、生地とカップのあいだに空気を入れるようにしながら一周させる。カップの上に皿をのせて逆さにし、皿とカップをしっかり持って2、3回ふり、プリンをはずす。
7 レモンの皮をすりおろして散らす。

CRÈME CARAMEL 豆乳と黒糖 — au lait de soja et cassonade

材料（ココット6個分）
調製豆乳　300ml
全卵　2個(100g)
卵黄　2個(20g)
黒糖　60g
ざらめ糖(中ざら糖)ⓐ　適量

下準備
○卵は常温(約25℃)にもどす。
○バットにペーパータオルを敷き、ココットを均等に並べ、バットごとオーブンの天板にのせる。
○オーブンはほどよいタイミングで150℃に予熱する。

作り方
1　P34「抹茶と黒蜜」の**1〜4**と同様に作る。ただし**1**では牛乳の代わりに豆乳を使う。**2**ではグラニュー糖の代わりに黒糖を使い、抹茶パウダーは加えない。
2　**1**にざらめ糖小さじ1〜2ずつをかける。

Note
○豆乳はほんのり甘みがついた調製豆乳を使用。無調整豆乳でも作ることができるが、ややさっぱりした風味になる。
○豆乳のまろやかさと黒糖のこくがよく合うプリン。仕上げにかけたざらめ糖のカリカリした食感がいいアクセントに。
○ざらめ糖の代わりに黒蜜(P34)をかけてもおいしい。

ⓐ ざらめ糖(中ざら糖)
結晶が大きく黄褐色を帯びた砂糖。カラメルを添加しているため、独特のこくがある。「白ざら糖」もある。

CRÈME CARAMEL プリン・ア・ラ・モード — à la mode

材料（プリンカップ[縦長]4個分）
キャラメル
　グラニュー糖　50g
　水　小さじ1
　熱湯　大さじ1
牛乳　250ml
全卵　2個分(100g)
グラニュー糖　50g
クレーム・シャンティイ
　生クリーム(乳脂肪分45%)　100ml
　グラニュー糖　10g
いちご　適量
ミントの葉　適量

下準備
○卵は常温(約25℃)にもどす。
○バットにペーパータオルを敷き、プリンカップを均等に並べ、バットごとオーブンの天板にのせる。
○絞り出し袋の先端を切り落としⓐ、星口金(直径7mm)を入れ、袋を軽くねじってⓑ口金に押し込むⓒ。
○いちごは4個をとっておき、それ以外は縦半分または¼にカットする。
○オーブンはほどよいタイミングで150℃に予熱する。

作り方
1　P34「しょうが」の**1〜6**と同様に作る。ただし**2**ではしょうがは入れず、牛乳のみを人肌よりやや熱い程度(約40℃)に熱する。**3**では卵黄1個分は入れず、全卵2個分のみを入れる。**6**ではいったん別の器にプリンをはずしてから、パレットナイフなどを使って皿に移す。
2　クレーム・シャンティイを作る。ボウルに生クリームとグラニュー糖を入れ、ボウルの底を氷水に当てながらハンドミキサーの高速で1分〜1分30秒ほど泡立てる。とろみがついたら低速にし、軽く角が立つくらいにするⓓ。
3　絞り出し袋を手で持ち、外側に折り返して、ゴムべらで**2**を入れるⓔ。カードでクリームを口金に寄せⓕ、プリンの周囲と表面に絞り出すⓖⓗ。いちごとミントの葉を添える。

Note
○全卵だけで作ったプリンはしっかりした硬めの食感で昔ながらの素朴な味わい。日本のプリンらしい高さのあるプリンカップで作った。
○カップからはずす際にキャラメルがあふれるので、いったん別の皿に取り出してから盛りつける。
○クリームの絞り方は、プリンの周囲は、絞り出し袋を少し浮かせながら奥に移動させ、手前に引き寄せるように絞る。プリンの上は、まず中心に絞り出し、「の」の字を描くように絞る。
○デコレーションはお好みのくだものでどうぞ。

ⓐ  ⓑ  ⓒ ⓓ

ⓔ  ⓕ  ⓖ ⓗ

CRÈME CARAMEL
豆乳と黒糖
au lait de soja et cassonade
→ P35

CRÈME CARAMEL
プリン・ア・ラ・モード
à la mode

→ P35

MOUSSE

ゼラチンで固める

ゼラチンで冷やし固めるタイプのプリンです。
あらかじめ水でふやかさずに使える
粉ゼラチンで作っています。

MOUSSE
マンゴーとライム
à la mangue et au citron vert

材料（200mlのガラスカップ4個分）
牛乳　20ml
生クリーム(乳脂肪分35%)　100ml
グラニュー糖　40g
粉ゼラチン(顆粒)　3g
マンゴー(冷凍)　200g
ライム果汁　小さじ1
マンゴーマリネ
| マンゴー(冷凍)　200g
| グラニュー糖　小さじ1
| ライム果汁　小さじ2
| ライムの皮のすりおろし　適量

下準備
○ マンゴー(冷凍)は室温で解凍する。

作り方

1　鍋に牛乳、生クリーム、グラニュー糖を入れて中火で熱し、沸騰直前まで温める。火を止めてゼラチンを加えⓐ、泡立て器でよく混ぜる。

2　縦長の容器などにマンゴーと**1**を入れ、ハンディプロセッサーで攪拌するⓑ。なめらかなピュレ状になったらボウルに移し、ライム果汁を加えて泡立て器でさっと混ぜる。ボウルの底を氷水に当てながらゴムべらで混ぜて全体を冷やしⓒ、とろみがついたら味をみて、好みでライム果汁（分量外）を足す。ガラスカップに等分に静かに注ぎ入れⓓ、冷蔵室で3〜4時間ほど冷やし固める。

3　マンゴーマリネを作る。マンゴーは大きければ食べやすい大きさに切る。ボウルにマンゴー、グラニュー糖、ライム果汁、すりおろしたライムの皮を入れて混ぜ合わせ、味をみて酸味が足りなければライム果汁（分量外）を足す。保存容器に入れて冷蔵室で冷やし、**2**のマンゴープリンをいただく直前に等分にのせる。

ゼラチンで固める

Note　○ 濃厚な甘みのマンゴーとすっきりとしたライムの組み合わせが新鮮。マンゴーマリネは、酸味を強めに仕上げるほうが、プリンの甘さが引き立つ。

MOUSSE
黒ごま
au sésame noir

材料（ココット4個分）
牛乳　170㎖
黒ごま　50g
グラニュー糖　30g
粉ゼラチン（顆粒）　4g
生クリーム（乳脂肪分35%）　100㎖
クレーム・シャンティイ
　生クリーム（乳脂肪分35%）　100㎖
　グラニュー糖　10g

Note ○黒ごまの香りとこくが楽しめる、なめらかな口当たりのプリン。
○黒ごまと牛乳を熱し、ふたをしてしばらくおくことで、黒ごまの香ばしい香りを牛乳に移す。

作り方

1. 縦長の容器などに牛乳と黒ごまを入れ、ハンディプロセッサーで攪拌する。黒ごまが粉状になったら鍋に移し、グラニュー糖を加え、中火で沸騰直前まで温める。火を止めてゼラチンを加え、泡立て器でよく混ぜ、ふたをして10分ほどおく。ボウルで受けながらこし器でこす。

2. 1のボウルの底を氷水に当てながらゴムべらで混ぜて粗熱をとる。生クリームを加え、さらに混ぜて全体を冷やし、とろみがついたらココットに等分に静かに注ぎ入れ、冷蔵室で3～4時間ほど冷やし固める。

3. クレーム・シャンティイを作る。ボウルに生クリームとグラニュー糖を入れ、ボウルの底を氷水に当てながらハンドミキサーの高速で1分ほど泡立てる。持ち上げると生クリームがとろりと落ちて、揺らすと跡が消えるくらいにする。適量をスプーンですくい、2のプリンにかける。

MOUSSE
甘酒
à l'amazake

ゼラチンで固める

材料（200mlのガラスカップ3個分）
甘酒（ストレートタイプ）ⓐ　200g
粉ゼラチン（顆粒）　3g
生クリーム（乳脂肪分35%）　50ml
甘酒の炭酸割り
　甘酒（ストレートタイプ）　大さじ3〜4½
　炭酸水（または水）　大さじ3

作り方
1. 鍋に甘酒を入れて中火で熱し、沸騰直前まで温める。火を止めてゼラチンを加え、泡立て器でよく混ぜ、ボウルに移す。
2. 1のボウルの底を氷水に当てながらゴムべらで混ぜて粗熱をとる。生クリームを加え、さらに混ぜて全体を冷やし、とろみがついたらガラスカップに静かに注ぎ入れ、冷蔵室で3〜4時間ほど冷やし固める。
3. 甘酒の炭酸割りを作る。甘酒と炭酸水を混ぜ合わせ、2のプリンに等分にかける。

ⓐ 甘酒
日本独特の甘味飲料。米と米麹を混ぜ、発酵させて作ったものと、酒粕を湯に溶かして砂糖を加えて作ったものがあり、それぞれ成分や風味が異なる。このレシピでは、自然な甘みが特徴の米と米麹で作った甘酒を使用。

Note　○甘酒だけで甘みをつけた、やさしい味のプリン。仕上げに甘酒を炭酸水で割ってかけることで、パチパチとした口当たりやさっぱりとした風味が加わる。
○甘酒は製品によって甘みが多少異なるので、味をみて炭酸割りの濃度を調整するとよい。

MOUSSE
ばら
à la rose

材料（プリンカップ4個分）
牛乳　180mℓ
グラニュー糖　30g
粉ゼラチン（顆粒）　4g
生クリーム（乳脂肪分35％）　100mℓ
ばらシロップ ⓐ　大さじ1
いちごのソース
　いちご（冷凍）　75g
　グラニュー糖　10g
　水　100mℓ

ⓐ ばらシロップ
MONINの高濃度シロップ。自然なばらの香りが特徴で、紅茶やカクテルなどにも活用できる。

作り方

1　鍋に牛乳とグラニュー糖を入れて中火で熱し、沸騰直前まで温める。火を止めてゼラチンを加え、泡立て器でよく混ぜ、ボウルに移す。

2　1のボウルの底を氷水に当てながらゴムべらで混ぜて粗熱をとる。生クリームとばらシロップを加え、さらに混ぜて全体を冷やし、とろみがついたらプリンカップに静かに注ぎ入れ、冷蔵室で3〜4時間ほど冷やし固める。

3　いちごのソースを作る。小鍋にいちご、グラニュー糖、水を入れて弱火で熱する。グラニュー糖が溶けたら落としぶたをし、弱火で10分ほど煮る ⓑ。いちごの色が溶け出し、白っぽくなったら ⓒ 火を止め、ハンディプロセッサーで液状になるまで攪拌し、粗熱がとれたら冷蔵室で冷やす。

4　ボウルに湯（50〜60℃）を入れ、2のプリンカップを数秒浸す ⓓ。水で濡らしたスプーンで生地の縁をやさしく押し、生地とカップのあいだに空気を入れるようにしながら一周させる。カップの上に皿をのせて逆さにし、皿とカップをしっかり持って2〜3回ふり、プリンをはずす。

5　3のソース大さじ1〜2を4のプリンの周囲に注ぐ。

Note
○ほんのりばらの香りがするプリンを、酸味のあるいちごのソースが引き立て、華やかな味わいに。いちごはばら科なので相性がよい。
○いちごのソースは生のいちごで作ってもOK。余ったらヨーグルトにかけてもおいしい。
○飾りに使っているばらの砂糖がけは食用のばらで作る。ばらの花びらの片面に指で卵白を薄く塗り ⓔ、乾かないうちにグラニュー糖をまぶす ⓕ。オーブン用シートの上にのせ、室内の風通しのよい場所でひと晩ほど乾燥させればできあがり ⓖ。

ゼラチンで固める

卵白1個分で作れるお菓子

本書のプリンの基本の配合では卵白が1つ余ってしまいます。そこでここでは卵白1個分で作れるお菓子をご紹介。卵白は冷凍できるので、好きなときに作ってください。

ココアのムラング
meringues au cacao

材料（直径約3cm 40個分）
卵白　1個分(30g)
グラニュー糖　25g
粉砂糖　30g
ココアパウダー　適量

下準備
○卵白は冷蔵室で冷やす。
○粉砂糖はふるう。
○天板にオーブン用シートを敷く。
○オーブンはほどよいタイミングで110℃に予熱する。

作り方
1　ボウルに卵白を入れ、ハンドミキサーの高速で1分ほどほぐす。白っぽくなってきたらグラニュー糖を5～6回に分けて加え、そのつど高速で1分ほど泡立てる。きめが細かく、すくうと角がぴんと立つくらいになったらOKⓐ。
2　粉砂糖を加え、ゴムベラで底から大きくすくい返すようにして全体を20～30回混ぜるⓑ。
3　小さめのスプーンで2をだいたい小さじ2ずつすくい、もう1本のスプーンで手早く丸くまとめⓒ、オーブン用シートの上に3cmほどの間隔をあけて落とすⓓ。予熱したオーブンで1時間ほど焼き、天板ごと網にのせて冷ます。
4　茶こしでココアパウダーをふる。

ⓐ 　ⓑ

ⓒ 　ⓓ

Note
○サクッとした軽い食感が楽しめる焼き菓子。ココアパウダーの代わりに粉砂糖をふってもよい。また、焼く前にアーモンドダイスやココナッツファインをかけると、香ばしい風味が加わっておいしい。
○焼き上がったら、やけどに注意しながら1個取り出して半分に割り、中がしっかり焼けて乾いているか確認する。生焼けならさらに10分ほど焼く。
○「シリカゲル」などの防湿乾燥剤と一緒にジッパーつきの保存袋に入れ、空気を抜いて常温で1週間ほど保存可能。

ウフ・ア・ラ・ネージュ
œufs à la neige

材料（5個分）
卵白　1個分（30g）
グラニュー糖　25g
アイスクリーム（バニラ）　200g
キャラメル
　グラニュー糖　40g
　水　小さじ1
　熱湯　20ml
アーモンドスライス　適量

下準備
○卵白は冷蔵室で冷やす。
○アイスクリームは冷蔵室においで溶かす。
○フライパンにたっぷりの湯（分量外）を沸かす。
○アーモンドスライスは160℃に予熱したオーブンで10分ほど焼く。
○オーブン用シートを約25cm四方に切り出す。

作り方

1　ボウルに卵白を入れ、ハンドミキサーの高速で1分ほぐす。白っぽくなってきたらグラニュー糖を5〜6回に分けて加え、そのつど高速で1分ほど泡立てる。きめが細かく、すくうと角がぴんと立つくらいになったらOK ⓐ。

2　スプーンで1の1/5量ずつをすくい、もう1本のスプーンで楕円形に手早くまとめ ⓑ、オーブン用シートの上に5cmほどの間隔をあけて落としていき ⓒ、オーブン用シートをかたまりごとに切り分ける ⓓ。

3　湯を張ったフライパンを弱火で熱し、小さな泡がときどき浮いてくる程度（約90℃）の湯温に保ち、オーブン用シートごと2を浮かべてゆでる ⓔ。5分ほどしたらオーブン用シートをつまんで裏返し、さらに5分ほどゆでる ⓕ。指で触ってもくっつかず、弾力が感じられたらできあがり。スプーンで湯から上げ ⓖ、ペーパータオルの上に移し、水けをとる ⓗ。粗熱がとれたら冷蔵室で5分ほど冷やす。

4　器に溶けたアイスクリームを注ぎ、3のオーブン用シートをはがして中央に浮かべる。

5　キャラメルを作る。小鍋にグラニュー糖と水を入れ、あまり動かさずに中火で熱し、グラニュー糖が半分ほど溶けて色づいてきたら、小鍋を揺すってまんべんなく火を通す。完全に溶けて色が濃くなったら、火を止めてひと呼吸おき、熱湯をへらに伝わせながら2回に分けて加え、そのつどよく混ぜる ⓘ。そのまま冷まし、4にかけて、アーモンドスライスを散らす。

Note　○「ウフ・ア・ラ・ネージュ」はフランス語で「淡雪のような卵」の意味。名前のとおり、ふわふわとした食感が魅力のデザート。軽く火を通しただけなので当日に食べきること。
○ゆで時間が足りないと、湯から上げてしばらく経つとしぼんでしまう。触ったときに弾力を感じるまで、様子を見ながらゆで続ける。
○本来はアングレーズソースをかけるが、ここでは簡略化して、バニラアイスクリームを溶かしてソースの代わりとした。

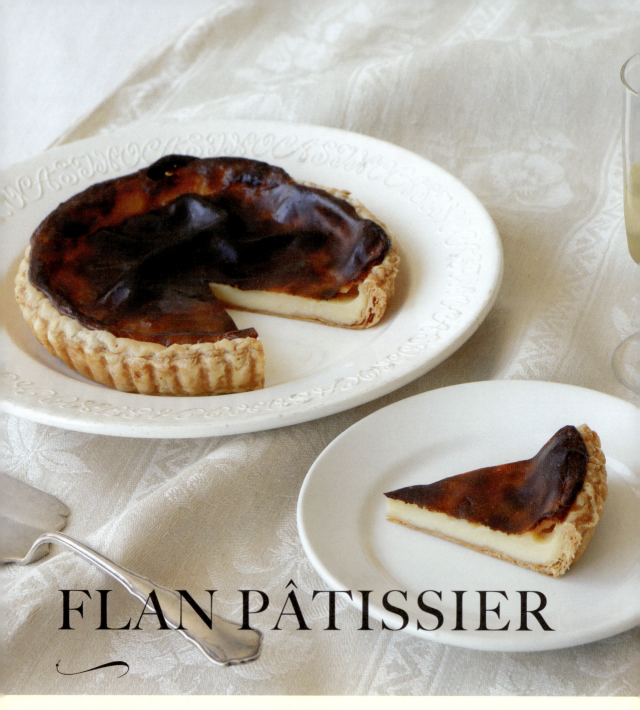

FLAN PÂTISSIER

46 フラン

フラン(flan pâtissier)のようなお菓子はヨーロッパの各地で
見ることができます。たとえばポルトガルのエッグ・タルト(パステル・デ・ナタ)。
あるいはイギリスのカスタード・タルト。フランはパイ生地に卵液をのせて
焼いたもので、フランスのパン屋さんやパティスリーなどでおなじみ。
サクサクのパイ生地と、まろやかなアパレイユとのコントラストが楽しいお菓子です。
ここでは冷凍パイシートを使って簡略化しています。

FLAN
基本のフラン
parisien

材料（18cmタルト型1台分）
冷凍パイシート　1枚
牛乳　250ml
全卵　1個分（50g）
グラニュー糖　60g
薄力粉　20g

下準備

○卵は常温（約25℃）にもどす。
→冷たいと卵白のこしが切りにくくなる。

○冷凍パイシートは冷蔵室に30分ほどおいてやわらかくする。
→室温で解凍するとむらが出やすいので、冷蔵室で解凍する。硬さがありつつ、曲げても折れないくらいの状態に。

○型の内側にバター（分量外）を薄く塗る。
→バターは食塩不使用のもの。生地と型を接着しつつ、抜きやすくする役割がある。溝の内側までしっかり塗る。

○オーブンはほどよいタイミングで180℃に予熱する。
→予熱時間は機種によって異なるので、タイミングを見て予熱を始めること。

使用する型
本書でおもに使用しているのはこの3種。型はともに底が取れるもの。バットでもよい。

18cmタルト型
本書でおもに使っているフランの型。直径約18cm、高さ約3cm。熱伝導のよいステンレス製で、むらのない焼き上がりが特長。

15cm丸型（底取）
ボリュームあるフランを作る場合はこちら。18cmタルト型用のアパレイユを2倍量にし、170℃で60〜70分焼けばOK。ステンレス製で、必ず底が取れるタイプを使うこと。パイ生地の敷き方はP53参照。

バット
ほうろう製の耐熱バット。サイズは20.9cm×16.5cm×高さ3cm。アパレイユは18cmタルト型と同じ分量でOK。冷凍パイシートは½枚を使う。敷き方はP65参照。

FLAN 基本のフラン *parisien*

作り方

1 約30cm四方に切ったオーブン用シートを2枚用意する。1枚に冷凍パイシートをのせて生地の両面に打ち粉（分量外）をふりⓐ、もう1枚のオーブン用シートをかぶせ、上からめん棒で約25cm四方（厚さ約2mm）にのばすⓑⓒ。そのまま天板などにのせ、冷蔵室で30分ほど寝かせる。
　→めん棒で生地をのばす際は、冷凍パイシートの向きをときどき回転させながら、全体をまんべんなくのばす。オーブン用シートはときどきはがし、適宜打ち粉をして、冷凍パイシートに密着してしまわないよう気をつけるⓐ。型をのせてだいたいの大きさを確認するとよい。

2 1の冷凍パイシートを取り出し、オーブン用シートをはがして、フォークで全体に穴をあけるⓓ。型に冷凍パイシートを静かにのせ、角をしっかりと出すように敷き込みⓔⓕ、上からめん棒を転がして、型からはみ出た生地を切り落とすⓖⓗ。型ごと冷凍室で15分ほど冷やす。
　→側面の生地は空気を抜きながら型に密着させる。しっかり敷き込まないと焼成中に側面の生地が下がってきてしまうので注意。
　→余った生地は再び冷凍保存してもよいし、棒状にしてグラニュー糖などで味つけして焼いてもおいしい。

3 鍋に牛乳を入れて中火で熱し、しっかり煮立たせるⓘ。
　→泡が立ち、鍋の縁ギリギリに持ちあがるまで、完全に沸騰させる。沸かし足りないと焼成中に生地が膨張しすぎることがある。牛乳を沸かしているあいだに4を行う。

4 ボウルに全卵を入れて泡立て器で溶きほぐし、グラニュー糖を加え、卵白を切るようにしてすり混ぜる。グラニュー糖が半分ほど溶けたら薄力粉を加えⓙ、粉けがなくなるまでさらに混ぜるⓚ。
　→卵白のこしが切れればよいので泡立てる必要はない。

5 3の鍋の火を止め、ひと呼吸おいてから4のボウルに牛乳を2、3回に分けて加え、そのつどよく混ぜるⓛ。
　→全体が混ざるようにしっかりと混ぜる。

6 3の鍋に戻し入れⓜ、全体をまんべんなく混ぜながら中火で熱する。煮立ったらさらに2分ほど火を通し、なめらかになるまで混ぜ続けるⓝ。
　→むらなく火を通すために手を休めず混ぜ続ける。鍋の底や側面が焦げつきやすいので注意。
　→生地がもったりと重くなっても、そのまま混ぜ続ける。やがてつやが出て、持ち上げるとさらさらと落ちるくらいの状態になれば完成。

7 2の型に6を流し入れ、ゴムべらで表面を平らにならすⓞ。予熱したオーブンで1時間ほど焼き、全体にしっかりと焼き色がつけばできあがり。型ごと網にのせて冷まし♇、粗熱がとれたら型からはずすⓠⓡ。
　→焼成中に真ん中のあたりが濃い焼き色になってくるが、焦げているわけではない。そのまま焼き続けると、焼き色の範囲が端のほうまで広がっていく。
　→焼き上がり直後は表面がふくらむがⓘ、冷めると沈む。

（ア）

（イ）

Note
○焼きたても、冷ましてからもおいしい。焼きたてはサクサクのパイ生地とまろやかなアパレイユの食感のコントラストが心地よく、冷めてからはアパレイユのなめらかな弾力が楽しめる。
○冷凍で3週間、冷蔵で2〜3日間保存可能。ラップで包んでジッパーつきの保存袋などに入れる。食べる際は、冷凍なら170℃に予熱したオーブンで10分ほど温めてから食べる。
○本来はパイ生地だけを先に焼いて（空焼き）から作るが、本書では簡略化して共焼きにしている。空焼きするとパイ生地がよりサクサクに仕上がる。
○15cm丸型（底取）でも作れる。その場合はアパレイユの量を倍にして、170℃に予熱したオーブンで60〜70分ほど焼く。パイ生地の敷き込み方はP53を参照。

FLAN
チョコレート
au chocolat

FLAN

風味を変える

基本的なアレンジ集です。
おなじみの食材を加えるだけで、
まったく別のお菓子のように。

FLAN
キャラメル
au caramel

チョコレート

材料（18cmタルト型1台分）
冷凍パイシート　1枚
牛乳　250ml
全卵　1個分（50g）
グラニュー糖　50g
薄力粉　20g
チョコレート（スイート）　50g
クレーム・シャンティイ
| 生クリーム（乳脂肪分45%）　100ml
| グラニュー糖　10g

下準備
○卵は常温（約25℃）にもどす。
○冷凍パイシートは冷蔵室に30分ほどおいてやわらかくする。
○型の内側にバター（分量外）を薄く塗る。
○チョコレートは細かく刻んでおく。
○オーブンはほどよいタイミングで180℃に予熱する。

Note
○チョコレートはヴァローナ社のスイートタイプ「カライブ」（カカオ分66%）を使用。
○クレーム・シャンティイの代わりにバニラアイスクリームを添えてもおいしい。

作り方

1. 約30cm四方に切ったオーブン用シートを2枚用意する。1枚に冷凍パイシートをのせて生地の両面に打ち粉（分量外）をふり、もう1枚のオーブン用シートをかぶせ、上からめん棒で約25cm四方（厚さ約2mm）にのばす。そのまま天板などにのせ、冷蔵室で30分ほど寝かせる。

2. 1の冷凍パイシートを取り出し、オーブン用シートをはがして、フォークで全体に穴をあける。型に冷凍パイシートを静かにのせ、角をしっかりと出すように敷き込み、上からめん棒を転がして、型からはみ出た生地を切り落とす。型ごと冷凍室で15分ほど冷やす。

3. 鍋に牛乳を入れて中火で熱し、しっかり煮立たせる。

4. ボウルに全卵を入れて泡立て器で溶きほぐし、グラニュー糖を加え、卵白を切るようにしてすり混ぜる。グラニュー糖が半分ほど溶けたら薄力粉を加え、粉けがなくなるまでさらに混ぜる。

5. 3の鍋の火を止め、ひと呼吸おいてから4のボウルに牛乳を2、3回に分けて加え、そのつどよく混ぜる。

6. 3の鍋に戻し入れ、全体をまんべんなく混ぜながら中火で熱する。煮立ったらさらに2分ほど火を通し、なめらかになるまで混ぜ続ける。火を止めてチョコレートを加え、全体になじむように混ぜる。

7. 2の型に6を流し入れ、ゴムべらで表面を平らにならす。予熱したオーブンで1時間ほど焼き、全体にしっかりと焼き色がつけばできあがり。型ごと網にのせて冷まし、粗熱がとれたら型からはずす。

8. クレーム・シャンティイを作る。ボウルに生クリームとグラニュー糖を入れ、ボウルの底を氷水に当てながらハンドミキサーの高速で1分～1分30秒ほど泡立てる。とろみがついたら低速にし、軽く角が立つくらいにする。

9. 7のフランを好みの大きさに切り分け、8の適量をスプーンですくってのせる。

風味を変える

キャラメル

材料（18cmタルト型1台分）
冷凍パイシート　1枚
キャラメル
| グラニュー糖　60g
| 水　小さじ1
| 熱湯　大さじ1
牛乳　250ml
全卵　1個分（50g）
グラニュー糖　60g
薄力粉　20g
塩　2つまみ
アイスクリーム（バニラ）　適量

下準備
○卵は常温（約25℃）にもどす。
○冷凍パイシートは冷蔵室に30分ほどおいてやわらかくする。
○型の内側にバター（分量外）を薄く塗る。
○オーブンはほどよいタイミングで180℃に予熱する。

作り方

1. 上の「チョコレート」の1～2と同様に作る。

2. キャラメルを作る。鍋にグラニュー糖と水を入れ、あまり動かさずに中火で熱し、グラニュー糖が半分ほど溶けて色づいてきたら、鍋を揺すってまんべんなく火を通す。完全に溶けて色が濃くなったら、火を止めてひと呼吸おき、熱湯をへらに伝わせながら2回に分けて加え、そのつどよく混ぜる。とろみがついたらできあがり。

3. 上の「チョコレート」の3～7と同様に作る。ただし6ではアパレイユを2のキャラメルを作った鍋に入れ、キャラメルが全体になじむまで混ぜてから火にかける。チョコレートではなく、塩を加える。

4. 好みの大きさに切って器に盛り、アイスクリームを添える。

Note　○ほろ苦いキャラメル味に塩けが加わって、後を引くおいしさ。

FLAN
コーヒーのオレンジ風味

au café et à l'orange

材料（15cm底取丸型1台分）
冷凍パイシート　1枚
牛乳　500㎖
全卵　2個分（100g）
グラニュー糖　120g
薄力粉　50g
インスタントコーヒー　大さじ3
マーマレードソース
　マーマレード ⓐ　60g
　水　小さじ1
　グランマルニエ ⓑ　小さじ½

下準備
○ 卵は常温（約25℃）にもどす。
○ 冷凍パイシートは冷蔵室に30分ほどおいてやわらかくする。
○ 型の内側にバター（分量外）を薄く塗る。
○ オーブンはほどよいタイミングで170℃に予熱する。

Note
○ 15cm丸型で作る大きなフラン。コーヒーの風味とマーマレードのほろ苦さがよく合う。
○ 15cm丸型の場合、タルト型にくらべて火が入るのに時間がかかり、表面が焦げやすいので、温度を下げてゆっくり焼成する。
○ 熱いうちはやわらかくて切りにくい。完全に冷めてから数時間冷蔵室で休ませるとよい。
○ 18cmタルト型で作る場合は冷凍パイシート、ソース以外の材料を半量にする。180℃に予熱したオーブンで1時間ほど焼く。
○ マーマレードソースのグランマルニエは同量の水で代用可能。

ⓐ **マーマレード**

苦みの強いフォートナム・アンド・メイソンの「サー・ナイジェルズ・オレンジ・マーマレード」を使用。甘いお菓子と合わせるとメリハリがついておいしい。

ⓑ **グランマルニエ**

高級ブランデーのコニャックに、ビターオレンジのエキスを加えて熟成させたリキュール。強いオレンジの香りとまろやかな甘みが特徴で、オレンジのお菓子と合わせることが多い。

作り方

1　約30cm四方に切ったオーブン用シートを2枚用意する。1枚に冷凍パイシートをのせて生地の両面に打ち粉（分量外）をふり、もう1枚のオーブン用シートをかぶせ、上からめん棒で約25cm四方（厚さ2㎜）にのばす。そのまま天板などにのせ、冷蔵室で30分ほど寝かせる。

2　1の冷凍パイシートを取り出し、オーブン用シートをはがして、フォークで全体に穴をあける。冷凍パイシートに型をのせてⓒ跡をつけⓓ、跡に合わせてふんわりと敷き込むⓔ。型の底の角にぴったりと合わせて敷き込みⓕⓖ、側面は空気を抜きながら密着させるⓗⓘ。上からめん棒を転がしてⓙ、型からはみ出た生地を切り落とすⓚ（生地が足りない部分は、切り落とした生地を貼り付けてⓛ、はみ出した部分はペティナイフで削ぎ落とすⓜⓝ）。型ごと冷凍室で15分ほど冷やす。

3　鍋に牛乳を入れて中火で熱し、しっかり煮立たせる。

4　ボウルに全卵を入れて泡立て器で溶きほぐし、グラニュー糖を加え、卵白を切るようにしてすり混ぜる。グラニュー糖が半分ほど溶けたら薄力粉を加え、粉けがなくなるまでさらに混ぜる。

5　3の鍋の火を止め、ひと呼吸おいてから4のボウルに牛乳を2、3回に分けて加え、そのつどよく混ぜる。インスタントコーヒーを加え、全体に溶けるまで混ぜる。

6　3の鍋に戻し入れ、全体をまんべんなく混ぜながら中火で熱する。煮立ったらさらに2分ほど火を通し、なめらかになるまで混ぜ続ける。

7　2の型に6を流し入れ、ゴムべらで表面を平らにならす。予熱したオーブンで60〜70分ほど焼き、全体にしっかりと焼き色がつけばできあがり。型ごと網にのせて冷まし、粗熱がとれたら型からはずす。

8　マーマレードソースを作る。耐熱容器にマーマレードと水を入れ、ラップをせずに電子レンジで15秒ほど加熱する。粗熱がとれたらグランマルニエを加え、さっと混ぜる。好みの大きさに切った7に適量を添える。

風味を変える

FLAN
クリームチーズ
au fromage frais

材料（18cmタルト型1台分）
冷凍パイシート　1枚
牛乳　220㎖
全卵　1個分（50g）
グラニュー糖　60g
薄力粉　20g
クリームチーズ　100g
カシスソース
┃カシス（冷凍）ⓐ　40g
┃グラニュー糖　小さじ1
┃水　小さじ½

下準備
○卵は常温（約25℃）にもどす。
○冷凍パイシートは冷蔵室に30分ほどおいてやわらかくする。
○型の内側にバター（分量外）を薄く塗る。
○オーブンはほどよいタイミングで180℃に予熱する。

Note
○チーズケーキのような味わいで、酸味のあるカシスソースと相性抜群。フランボワーズソース（P57）と合わせてもおいしい。
○アパレイユをパイ生地に流し入れたあとに、表面に粉チーズをかけて焼くと、よりチーズの風味が濃厚になる。

ⓐ カシス（冷凍）
別名クロスグリ。果実は黒く、独特の香りと強い酸味を持ち、ジャムやジュース、お菓子などに使われる。生の果実は日本では流通量が少ないので、冷凍食品、または加工食品が一般的。

作り方
1 約30cm四方に切ったオーブン用シートを2枚用意する。1枚に冷凍パイシートをのせて生地の両面に打ち粉（分量外）をふり、もう1枚のオーブン用シートをかぶせ、上からめん棒で約25cm四方（厚さ約2㎜）にのばす。そのまま天板などにのせ、冷蔵室で30分ほど寝かせる。

2 1の冷凍パイシートを取り出し、オーブン用シートをはがして、フォークで全体に穴をあける。型に冷凍パイシートを静かにのせ、角をしっかりと出すように敷き込み、上からめん棒を転がして、型からはみ出た生地を切り落とす。型ごと冷凍室で15分ほど冷やす。

3 鍋に牛乳を入れて中火で熱し、しっかり煮立たせる。

4 ボウルに全卵を入れて泡立て器で溶きほぐし、グラニュー糖を加え、卵白を切るようにしてすり混ぜる。グラニュー糖が半分ほど溶けたら薄力粉を加え、粉けがなくなるまでさらに混ぜる。

5 3の鍋の火を止め、ひと呼吸おいてから4のボウルに牛乳を2、3回に分けて加え、そのつどよく混ぜる。

6 3の鍋に戻し入れ、全体をまんべんなく混ぜながら中火で熱する。煮立ったらさらに2分ほど火を通し、なめらかになるまで混ぜ続ける。火を止め、クリームチーズを手で小さくちぎりながら加えⓑ、クリームチーズが溶けて全体になじむように混ぜる。

7 2の型に6を流し入れ、ゴムべらで表面を平らにならす。予熱したオーブンで1時間ほど焼き、全体にしっかりと焼き色がつけばできあがり。型ごと網にのせて冷まし、粗熱がとれたら型からはずす。

8 カシスソースを作る。カシスソースの材料を耐熱容器に入れ、ラップをせずに電子レンジで30秒ほど加熱して混ぜるⓒ。そのまま冷まして、7にかける。

風味を変える

FLAN

お茶のフラン

素朴な印象のフランですが、
お茶を加えることでさっぱりとし、
軽やかさが出てきます。
くだものなどとの相性も楽しんで。

FLAN

紅茶とフランボワーズ

au thé et aux framboises

材料（15cm底取丸型1台分）

冷凍パイシート　1枚
紅茶の茶葉（アールグレイ）　15g
熱湯　60mℓ
牛乳　500mℓ
全卵　2個分（100g）
グラニュー糖　120g
薄力粉　50g
フランボワーズソース
　フランボワーズ（冷凍）ⓐ　40g
　グラニュー糖　小さじ1
　レモン果汁　小さじ½

下準備

○卵は常温（約25℃）にもどす。
○冷凍パイシートは冷蔵室に30分ほどおいてやわらかくする。
○型の内側にバター（分量外）を薄く塗る。
○オーブンはほどよいタイミングで170℃に予熱する。

ⓐ フランボワーズ（冷凍）
フランス語でラズベリーのこと。さわやかで甘酸っぱい風味が特徴。甘みは少なく、お菓子に加えたり、ジャムに使われることが多い。生の果実は日持ちしないので、冷凍食品が便利。

作り方

1 約30cm四方に切ったオーブン用シートを2枚用意する。1枚に冷凍パイシートをのせて生地の両面に打ち粉（分量外）をふり、もう1枚のオーブン用シートをかぶせ、上からめん棒で約25cm四方（厚さ約2mm）にのばす。そのまま天板などにのせ、冷蔵室で30分ほど寝かせる。

2 1の冷凍パイシートを取り出し、オーブン用シートをはがして、フォークで全体に穴をあける。冷凍パイシートに型をのせて跡をつけ、跡に合わせてふんわりと敷き込む。型の底の角にぴったりと合わせて敷き込み、側面は空気を抜きながら密着させる。上からめん棒を転がして、型からはみ出た生地を切り落とす（生地が足りない部分は、切り落とした生地を貼り付けて、はみ出した部分はペティナイフで削ぎ落とす）。型ごと冷凍室で15分ほど冷やす。

3 鍋に紅茶の茶葉と熱湯を入れてふたをし、3分ほどおく。

4 別の鍋に牛乳を入れて中火で熱し、しっかり煮立たせる。3の鍋に加えてふたをし、さらに1分ほどおく。

5 ボウルに全卵を入れて泡立て器で溶きほぐし、グラニュー糖を加え、卵白を切るようにしてすり混ぜる。グラニュー糖が半分ほど溶けたら薄力粉を加え、粉けがなくなるまでさらに混ぜる。

6 4をこし器でこしながら5のボウルに2、3回に分けて加え、そのつどよく混ぜる。

7 4の牛乳を沸かした鍋に戻し入れ、全体をまんべんなく混ぜながら中火で熱する。煮立ったらさらに2分ほど火を通し、なめらかになるまで混ぜ続ける。

8 2の型に7を流し入れ、ゴムべらで表面を平らにならす。予熱したオーブンで60～70分ほど焼き、全体にしっかりと焼き色がつけばできあがり。型ごと網にのせて冷まし、粗熱がとれたら型からはずす。

9 フランボワーズソースを作る。フランボワーズソースの材料を耐熱容器に入れ、ラップをせずに電子レンジで30秒ほど加熱して混ぜ、そのまま冷ます。好みの大きさに切った8に適量をかける。

Note　○2のパイシートの敷き込み方はP53を参照のこと。
○紅茶の風味と甘酸っぱいフランボワーズがよく合う。ソースの代わりに市販のフランボワーズジャムを添えてもおいしい。
○3では湯が少量なのでこの鍋では沸かさず、別途用意する。紅茶の茶葉と牛乳を合わせると、茶葉に膜が張って味が出にくくなるので、熱湯で紅茶の茶葉を開かせたあとに、牛乳を加える。ふたをしてしばらくおくことで、紅茶の香りをしっかりと牛乳に移す。

FLAN
抹茶
au matcha

材料（18cmタルト型1台分）
冷凍パイシート　1枚
粒あん ⓐ　100g
ラム酒　小さじ½
牛乳　260ml
全卵　1個分(50g)
グラニュー糖　60g
A
　薄力粉　20g
　抹茶パウダー　大さじ1

下準備
○卵は常温（約25℃）にもどす。
○冷凍パイシートは冷蔵室に30分ほどおいてやわらかくする。
○型の内側にバター（分量外）を薄く塗る。
○**A**は合わせてふるう。
○粒あんにラム酒をふって混ぜる。
○オーブンはほどよいタイミングで180℃に予熱する。

ⓐ **粒あん**
小豆をやわらかく煮て砂糖を加え、皮を残したままつぶさずに練ったあんのこと。豆の食感が味わえる。

作り方
1. 約30cm四方に切ったオーブン用シートを2枚用意する。1枚に冷凍パイシートをのせて生地の両面に打ち粉（分量外）をふり、もう1枚のオーブン用シートをかぶせ、上からめん棒で約25cm四方（厚さ約2mm）にのばす。そのまま天板などにのせ、冷蔵室で30分ほど寝かせる。

2. 1の冷凍パイシートを取り出し、オーブン用シートをはがして、フォークで全体に穴をあける。型に冷凍パイシートを静かにのせ、角をしっかりと出すように敷き込み、上からめん棒を転がして、型からはみ出た生地を切り落とす。底に粒あんを入れ、ゴムべらですき間なく均一に広げⓑⓒ、冷凍室で15分ほど冷やす。

3. 鍋に牛乳を入れて中火で熱し、しっかり煮立たせる。

4. ボウルに全卵を入れて泡立て器で溶きほぐし、グラニュー糖を加え、卵白を切るようにしてすり混ぜる。グラニュー糖が半分ほど溶けたら**A**を加え、粉けがなくなるまでさらに混ぜる。

5. 3の鍋の火を止め、ひと呼吸おいてから4のボウルに牛乳を2、3回に分けて加え、そのつどよく混ぜる。

6. 3の鍋に戻し入れ、全体をまんべんなく混ぜながら中火で熱する。煮立ったらさらに2分ほど火を通し、なめらかになるまで混ぜ続ける。

7. 2の型に6を流し入れ、ゴムべらで表面を平らにならす。予熱したオーブンで1時間ほど焼き、全体にしっかりと焼き色がつけばできあがり。型ごと網にのせて冷まし、粗熱がとれたら型からはずす。

ⓑ　ⓒ

Note
○粒あんと抹茶を組み合わせた、和菓子のようなフラン。粒あんのほうが小豆の食感を楽しめるが、こしあんでも可。
○抹茶パウダーは吸水性が高く、だまになりやすいので、薄力粉と一緒にふるっておく。一保堂茶舗の「初昔」を使用。
○子ども用にはラム酒を加えなくてもよい。
○粒あんの代わりに1cm角に切ったチョコレートを底に散らし、アパレイユを流し込んで焼いてもおいしい。

お茶のフラン

FLAN

エキゾチック

酸味を加えてさっぱりと。
暖かい時期に食べてもおいしい
南国風のフランです。

FLAN
パイナップルとサワークリーム
à l'ananas et à la crème aigre

材料（ココット6個分）
牛乳　230㎖
全卵　1個分(50g)
グラニュー糖　60g
薄力粉　20g
サワークリーム ⓐ　120g
パイナップル(生)　110g
サワークリームソース
　サワークリーム　60g
　粉砂糖　小さじ2
アーモンドダイス　適量
粉砂糖　適量

下準備
○卵は常温(約25℃)にもどす。
○パイナップルはいちょう切りにし ⓑ、さらに5㎜〜1㎝幅の細切りにする ⓒ。
○アーモンドダイスは160℃に予熱したオーブンで10分ほど焼く。
○オーブンはほどよいタイミングで180℃に予熱する。

ⓐ サワークリーム
生クリームに乳酸菌を加えて発酵させたもの。さわやかな酸味があり、チーズケーキなどお菓子の材料や、料理の風味づけに使われる。

作り方
1　鍋に牛乳を入れて中火で熱し、しっかり煮立たせる。
2　ボウルに全卵を入れて泡立て器で溶きほぐし、グラニュー糖を加え、卵白を切るようにしてすり混ぜる。グラニュー糖が半分ほど溶けたら薄力粉を加え、粉けがなくなるまでさらに混ぜる。
3　1の鍋の火を止め、ひと呼吸おいてから2のボウルに牛乳を2、3回に分けて加え、そのつどよく混ぜる。
4　1の鍋に戻し入れ、全体をまんべんなく混ぜながら中火で熱する。煮立ったらさらに2分ほど火を通し、なめらかになるまで混ぜ続ける。火を止めてサワークリームを加え、全体になじむように混ぜる。
5　ココットに4を等分に流し入れ、ゴムべらで表面を平らにならす。カットしたパイナップルを散らし、予熱したオーブンで1時間ほど焼き、全体にしっかりと焼き色がつけばできあがり。ココットごと網にのせて冷まし、粗熱がとれたら冷蔵室で2〜3時間ほど冷やす。
6　サワークリームソースを作る。サワークリームはゴムべらで混ぜて硬さを均一にし ⓓ、茶こしで粉砂糖をふるい入れ ⓔ、全体になじむまでよく混ぜる ⓕ。スプーンで適量をすくって5のフランにのせ、アーモンドダイスを散らし、茶こしで粉砂糖をふる。

エキゾチック

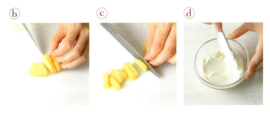

Note　○パイ生地を使わず、ココットに直接アパレイユを入れて焼いた。冷蔵室でよく冷やして食べるとおいしい。
○パイナップルとサワークリームの酸味がさわやかで、暑い時期でもさっぱりと食べられる。
○アーモンドダイスはフライパンで乾煎りしてもよい。アーモンドスライスで代用もできる。

FLAN
マンゴーとパッションフルーツ
à la mangue et au fruit de la passion

材料（18cmタルト型1台分）
マンゴーのコンフィチュール
- マンゴー(冷凍)ⓐ　120g
- グラニュー糖　30g
- パッションフルーツ　1個(正味25g)
- レモン果汁　大さじ1/2〜1

冷凍パイシート　1枚
牛乳　250ml
全卵　1個分(50g)
グラニュー糖　60g
薄力粉　20g

下準備
○ 卵は常温(約25℃)にもどす。
○ マンゴー(冷凍)は室温で解凍する。
○ 冷凍パイシートは冷蔵室に30分ほどおいてやわらかくする。
○ 型の内側にバター(分量外)を薄く塗る。
○ パッションフルーツは半分に切りⓑ、中の種と果汁をスプーンで取り出すⓒ。
○ オーブンはほどよいタイミングで180℃に予熱する。

Note
○ マンゴーのコンフィチュールは酸味を効かせるほうが味のアクセントになるが、パッションフルーツにも酸味があるので、レモン果汁の量で好みの酸っぱさに調整する。食感を楽しめるようにマンゴーの形を残しておいたほうがよい。
○ コンフィチュールを入れた型に、クリームチーズのフラン(P55)のアパレイユを流し入れて焼くのもおいしい。

ⓐ マンゴー（冷凍）
濃厚な甘みとなめらかな口当たり、独特な香りが楽しめる南国フルーツ。プリンやケーキなど、さまざまなスイーツに使われる。輸入物のほか、夏季には国産マンゴーも出回るが、年間通して使える冷凍マンゴーが便利。

作り方

1 マンゴーとパッションフルーツのコンフィチュールを作る。小鍋にマンゴーとグラニュー糖を入れてⓓ中火で熱し、ときどき木べらなどでマンゴーを形が残る程度に粗くつぶしⓔ、全体を混ぜながら5分ほど煮る。とろみがついたらⓕ、パッションフルーツの種と果汁を入れ、味をみながらレモン果汁を少しずつ加えるⓖ。沸騰したらひと呼吸おいて火を止めⓗ、耐熱容器に入れて冷まし、冷蔵室で冷やす。

2 約30cm四方に切ったオーブン用シートを2枚用意する。1枚に冷凍パイシートをのせて生地の両面に打ち粉(分量外)をふり、もう1枚のオーブン用シートをかぶせ、上からめん棒で約25cm四方(厚さ約2mm)にのばす。そのまま天板などにのせ、冷蔵室で30分ほど寝かせる。

3 2の冷凍パイシートを取り出し、オーブン用シートをはがして、フォークで全体に穴をあける。型に冷凍パイシートを静かにのせ、角をしっかりと出すように敷き込み、上からめん棒を転がして、型からはみ出た生地を切り落とす。底に1を入れ、ゴムべらですき間なく均一に広げⓘ、冷凍室で15分ほど冷やす。

4 鍋に牛乳を入れて中火で熱し、しっかり煮立たせる。

5 ボウルに全卵を入れて泡立て器で溶きほぐし、グラニュー糖を加え、卵白を切るようにしてすり混ぜる。グラニュー糖が半分ほど溶けたら薄力粉を加え、粉けがなくなるまでさらに混ぜる。

6 4の鍋の火を止め、ひと呼吸おいてから5のボウルに牛乳を2、3回に分けて加え、そのつどよく混ぜる。

7 4の鍋に戻し入れ、全体をまんべんなく混ぜながら中火で熱する。煮立ったらさらに2分ほど火を通し、なめらかになるまで混ぜ続ける。

8 3の型に7を流し入れ、ゴムべらで表面を平らにならす。予熱したオーブンで1時間ほど焼き、全体にしっかりと焼き色がつけばできあがり。型ごと網にのせて冷まし、粗熱がとれたら型からはずす。

エキゾチック

FLAN

くだものと合わせる

手に入りやすいくだものを
加えるだけで、
フランがリッチになります。
気軽に試してみてください。

FLAN
バナナとくるみ

à la bananes et aux noix

材料（バット1台分）
冷凍パイシート　½枚
バナナ　80g+50g
牛乳　250ml
全卵　1個分（50g）
グラニュー糖　50g
薄力粉　20g
ラム酒　小さじ1
くるみ　15g
チョコレートソース
　牛乳　30ml
　水あめ　小さじ1
　チョコレート（スイート）　30g

下準備
○卵は常温（約25℃）にもどす。
○冷凍パイシートは冷蔵室に30分ほどおいてやわらかくする。
○バットの内側にバター（分量外）を薄く塗る。
○くるみは160℃に予熱したオーブンで10分ほど焼いて冷まし、手で粗く砕くⓐ。
○バナナ80gはフォークで形が残る程度に粗くつぶすⓑ。残りのバナナ50gは1cm厚さの輪切りにする。
○チョコレートは細かく刻む。
○オーブンはほどよいタイミングで180℃に予熱する。

> **Note**
> ○つぶしたバナナは、ところどころかたまりを作るように集めてのせると、食感のアクセントになる。
> ○子ども用にはラム酒を加えなくてもよい。
> ○ラム酒の風味を強く出したい場合は、焼き上がったフランの表面にラム酒（分量外）を刷毛で塗る。
> ○チョコレートはヴァローナ社のスイートタイプ「カライブ」（カカオ分66%）を使用。
> ○チョコレートソースが冷えて硬くなったら湯せんで温める。余ったらパンやクッキーにつけてもおいしい。

作り方

1. 約30cm×25cmに切ったオーブン用シートを2枚用意する。1枚に冷凍パイシートをのせて生地の両面に打ち粉（分量外）をふりⓒ、もう1枚のオーブン用シートをかぶせ、上からめん棒でバットの底よりもひとまわり大きい程度（厚さ約2mm）にのばすⓓⓔⓕ。いったんオーブン用シートをはがし、カードで端を整えⓖ、オーブン用シートではさんだ状態で天板などにのせ、冷蔵室で30分ほど寝かせる。

2. 1の冷凍パイシートを取り出し、オーブン用シートをはがして、フォークで全体に穴をあけるⓗ。バットに冷凍パイシートを静かにのせⓘ、底の角にぴったりと合わせて敷き込むⓙⓚ。底にフォークの背でつぶしたバナナを散らしⓛ、冷凍室で15分ほど冷やす。

3. 鍋に牛乳を入れて中火で熱し、しっかり煮立たせる。

4. ボウルに全卵を入れて泡立て器で溶きほぐし、グラニュー糖を加え、卵白を切るようにしてすり混ぜる。グラニュー糖が半分ほど溶けたら薄力粉を加え、粉けがなくなるまでさらに混ぜる。

5. 3の鍋の火を止め、ひと呼吸おいてから4のボウルに牛乳を2、3回に分けて加え、そのつどよく混ぜる。

6. 3の鍋に戻し入れ、全体をまんべんなく混ぜながら中火で熱する。煮立ったらさらに2分ほど火を通し、なめらかになるまで混ぜ続ける。火を止め、ラム酒を加えてざっと混ぜる。

7. 2のバットに6を流し入れ、ゴムべらで表面を平らにならす。輪切りにしたバナナとくるみをのせ、予熱したオーブンで1時間ほど焼き、全体にしっかりと焼き色がつけばできあがり。バットごと網にのせて冷まし、粗熱がとれたらバットからはずす。

8. チョコレートソースを作る。小鍋に牛乳と水あめを入れて中火で熱し、沸騰直前まで温める。火を止めてチョコレートを加え、ひと呼吸おいてゴムべらで静かに円を描くように混ぜる。つやが出てきたら耐熱容器に移し、そのままおいて冷ます。

9. 7のフランを好みの大きさに切り分け、8を添える。

くだものと合わせる

FLAN オレンジ à l'orange

材料（18cmタルト型1台分）
冷凍パイシート　1枚
オレンジ果汁　1個分(100㎖)
牛乳　200㎖
全卵　1個分(50g)
オレンジの皮のすりおろし　1個分
グラニュー糖　60g
薄力粉　30g
グランマルニエ　小さじ2
オレンジソース
　オレンジの皮　½個分　＊切り方は下準備参照
　オレンジの果肉　1個分
　オレンジ果汁　20㎖
　グラニュー糖　小さじ2
　レモン果汁　小さじ½
　A
　　グランマルニエ　小さじ1
　　コーンスターチ　小さじ½

下準備
○卵は常温（約25℃）にもどす。
○冷凍パイシートは冷蔵室に30分ほどおいてやわらかくする。
○型の内側にバター（分量外）を薄く塗る。
○オレンジソースのオレンジ1個は上下を薄く切り落とし、皮を薄皮ごと縦に切り落とすⓐ（果肉に残った白いわたはしっかり削ぎ落とす）。皮½個分は白いわたを削ぎ落としⓑ、オレンジ色の表皮を長さ5cm程度のせん切りにするⓒ。薄皮と果肉のあいだに包丁を入れて果肉を1房ずつ取り出し、半分に切るⓓ。薄皮に残った果肉を搾り、果汁20㎖をとっておくⓔ。
○Aは混ぜ合わせる。
○オーブンはほどよいタイミングで180℃に予熱する。

> **Note**
> ○生のオレンジ2個を使った、さわやかな酸味が味わえるフラン。フランとソースをよく冷やして食べても、常温のフランに冷たいソースをかけてもおいしい。
> ○3でオレンジ果汁が100㎖に足りない場合でも、煮詰めたものが50㎖になればOK。
> ○焼き上がりにグランマルニエを塗ることで、オレンジの風味がしっかり出る。冷めると染み込みにくくなるので、熱いうちに塗ること。子ども用に酒類を抜きたい場合は、グランマルニエを加えたり塗ったりしなくてもよい。
> ○オレンジソースは果肉をつぶさず、形が残るくらいに仕上げてフレッシュ感を出す。

作り方
1. 約30cm四方に切ったオーブン用シートを2枚用意する。1枚に冷凍パイシートをのせて生地の両面に打ち粉（分量外）をふり、もう1枚のオーブン用シートをかぶせ、上からめん棒で約25cm四方（厚さ約2mm）にのばす。そのまま天板などにのせ、冷蔵室で30分ほど寝かせる。
2. **1**の冷凍パイシートを取り出し、オーブン用シートをはがして、フォークで全体に穴をあける。型に冷凍パイシートを静かにのせ、角をしっかりと出すように敷き込み、上からめん棒を転がして、型からはみ出た生地を切り落とす。型ごと冷凍室で15分ほど冷やす。
3. フライパンにオレンジ果汁100㎖を入れて中火で熱し、約半量になるまで煮詰まったらⓕ、火を止めて冷まし、50㎖をとっておく。
4. 鍋に牛乳を入れて中火で熱し、しっかり煮立たせる。
5. ボウルに全卵とオレンジの皮のすりおろし1個分を入れ、泡立て器で溶きほぐす。グラニュー糖を加えて卵白を切るようにしてすり混ぜ、グラニュー糖が半分ほど溶けたら薄力粉を加え、粉けがなくなるまでさらに混ぜる。
6. **4**の鍋の火を止め、ひと呼吸おいてから**5**のボウルに牛乳を2、3回に分けて加え、そのつどよく混ぜる。
7. **4**の鍋に戻し入れ、全体をまんべんなく混ぜながら中火で熱する。煮立ったらさらに2分ほど火を通し、なめらかになるまで混ぜ続ける。火を止めて**3**を加え、全体になじむように混ぜる。
8. **2**の型に**7**を流し入れ、ゴムべらで表面を平らにならす。予熱したオーブンで1時間ほど焼き、全体にしっかりと焼き色がつけばできあがり。熱いうちに刷毛で表面にグランマルニエを塗りⓖ、型ごと網にのせて冷ます。粗熱がとれたら型からはずす。
9. オレンジソースを作る。鍋にたっぷりの水（分量外）とオレンジの表皮½個分を入れて強火で沸騰させ、ざるにあげるⓗ。これをもう一度繰り返す。
10. 別の鍋に**9**を移し、オレンジの果肉1個分、オレンジ果汁20㎖、グラニュー糖を加え、ゴムべらでときどき混ぜながら弱めの中火で熱する。ひと煮立ちしたらレモン果汁を加えて混ぜ、さらにAを加えてよく混ぜる。中火にしてひと煮立ちさせ、とろみがついたらできあがりⓘ。耐熱容器に入れ、粗熱がとれたら冷蔵室で冷やす。
11. **8**のフランを好みの大きさに切り分け、**10**をのせる。

FLAN
りんごのシナモン風味
aux pommes et à la cannelle

FLAN
スパイスとくだもの
くだものによく合うスパイスを加えて、さらに奥行きある味に仕上げました。ちょっと大人っぽいフランです。

FLAN
いちじくと黒こしょう
aux figues et au poivre noir

りんごのシナモン風味

材料（バット1台分）
りんごのキャラメルソテー
| りんご　1個(200g)
| バター(食塩不使用)　10g
| レモン果汁　小さじ1
| きび砂糖　大さじ1
| ブランデー　小さじ2
冷凍パイシート　½枚
牛乳　250mℓ
全卵　1個分(50g)
グラニュー糖　60g
A
| 薄力粉　20g
| シナモンパウダー　小さじ½
| ヘーゼルナッツ　15g

下準備
○卵は常温（約25℃）にもどす。
○冷凍パイシートは冷蔵室に30分ほどおいてやわらかくする。
○バットの内側にバター（分量外）を薄く塗る。
○Aは合わせてふるう。
○ヘーゼルナッツは160℃に予熱したオーブンで15分ほど焼いて冷まし、包丁で半分に切る。
○オーブンはほどよいタイミングで180℃に予熱する。

Note
○りんごのソテーはきび砂糖を使うことで、こくのある味に仕上がる。火を通しすぎず、硬さが残る程度に仕上げると食感が出る。
○りんごは形が崩れにくく、酸味が強い紅玉かふじがおすすめ。
○子ども用にはブランデーを加えなくてもよい。

作り方

1　りんごのキャラメルソテーを作る。りんごは皮をむいて8等分のくし形に切り、さらに横に厚さ2cmに切る。フライパンにバターを入れて中火で熱し、バターが溶けたらりんごを入れ、木べらで30〜60秒ほど軽く混ぜる。バターがなじんだらレモン果汁を加え、きび砂糖をりんごの表面にまんべんなくふりかけ、ときどきフライパンを揺すって混ぜる。きび砂糖が溶けて泡が立ってきたら、フライパンを揺すってりんご全体に絡めながら5分ほど加熱する。りんごに竹串を刺して少し硬さが残るくらいになったらブランデーを回し入れ、火を止めて皿などに取り出し、冷ます。

2　約30cm×25cmに切ったオーブン用シートを2枚用意する。1枚に冷凍パイシートをのせて生地の両面に打ち粉（分量外）をふり、もう1枚のオーブン用シートをかぶせ、上からめん棒でバットの底よりもひとまわり大きい程度（厚さ約2mm）にのばす。いったんオーブン用シートをはがし、カードで端を整え、オーブン用シートではさんだ状態で天板などにのせ、冷凍室で30分ほど寝かせる。

3　2の冷凍パイシートを取り出し、オーブン用シートをはがして、フォークで全体に穴をあける。バットに冷凍パイシートを静かにのせ、底の角にぴったりと合わせて敷き込む。底に1のりんごのソテーを均等に並べ、冷凍室で15分ほど冷やす。

4　鍋に牛乳を入れて中火で熱し、しっかり煮立たせる。

5　ボウルに全卵を入れて泡立て器で溶きほぐし、グラニュー糖を加え、卵白を切るようにしてすり混ぜる。グラニュー糖が半分ほど溶けたらAを加え、粉けがなくなるまでさらに混ぜる。

6　4の鍋の火を止め、ひと呼吸おいてから5のボウルに牛乳を2、3回に分けて加え、そのつどよく混ぜる。

7　4の鍋に戻し入れ、全体をまんべんなく混ぜながら中火で熱する。煮立ったらさらに2分ほど火を通し、なめらかになるまで混ぜ続ける。

8　3のバットに7を流し入れ、ゴムべらで表面を平らにならす。ヘーゼルナッツを全体に散らし、予熱したオーブンで1時間ほど焼き、全体にしっかりと焼き色がつけばできあがり。バットごと網にのせて冷まし、粗熱がとれたらバットからはずす。

いちじくと黒こしょう

材料（18cmタルト型1台分）
冷凍パイシート　1枚
ドライいちじく　70g
ブランデー　20mℓ
牛乳　250mℓ
全卵　1個分(50g)
グラニュー糖　60g
薄力粉　20g
粗挽き黒こしょう　小さじ¼

Note
○ブランデー風味のいちじくに、ピリッとスパイシーな黒こしょうを効かせた、大人っぽい味。ワインのお供にもぴったり。

下準備
○ドライいちじくは耐熱容器に入れてかぶるくらいの熱湯をかけ、5分ほどおいて表面をふやかし、水けをきって2cm角に切る。ブランデーと合わせて3時間〜ひと晩おく。
○卵は常温（約25℃）にもどす。
○冷凍パイシートは冷蔵室に30分ほどおいてやわらかくする。
○型の内側にバター（分量外）を薄く塗る。
○オーブンはほどよいタイミングで180℃に予熱する。

作り方

1　上の「りんごのシナモン風味」の2〜8と同様に作る。ただし2では約30cm四方に切ったオーブン用シートを用意し、パイシートは約25cm四方にのばす。3ではバットではなく、タルト型にパイシートを敷き込み、りんごのソテーの代わりに汁けをきったドライいちじくを並べる。5ではシナモンパウダーは加えない。7ではアパレイユがなめらかになったら火を止め、黒こしょうを加えて混ぜる。8ではヘーゼルナッツを散らさない。

FLAN
洋梨とピンクペッパー
à la poire et au poivre rose

材料（18cmタルト型1台分）
冷凍パイシート　1枚
牛乳　250㎖
全卵　1個分（50g）
グラニュー糖　60g
薄力粉　20g
ピンクペッパーⓐ　小さじ2＋適量
洋梨（缶）　半割り3〜4個

下準備
○卵は常温（約25℃）にもどす。
○冷凍パイシートは冷蔵室に30分ほどおいてやわらかくする。
○型の内側にバター（分量外）を薄く塗る。
○洋梨はペーパータオルで軽く汁けをとり、横に5㎜厚さの薄切りにして、やや斜めに倒すⓑ。
○オーブンはほどよいタイミングで180℃に予熱する。

Note
○やさしい甘さの洋梨に、さわやかな香りのピンクペッパーを加えてアクセントに。
○ピンクペッパーは黒こしょうなどにくらべやわらかいため、指で軽くつぶすだけでも香りを立たせることができる。
○洋梨は斜めに倒した状態のまま、パレットナイフなどを使ってフランに移すと崩れない。周囲から並べていき、最後に中央を埋めるように置くときれいに見える。

ⓐ ピンクペッパー
ウルシ科のコショウボクの果実を乾燥させたもの。鮮やかなピンク色と、すっとした香りが特徴。他のこしょうのような刺激的な辛さはないので、料理やお菓子作りなどに使いやすい。

作り方
1. 約30cm四方に切ったオーブン用シートを2枚用意する。1枚に冷凍パイシートをのせて生地の両面に打ち粉（分量外）をふり、もう1枚のオーブン用シートをかぶせ、上からめん棒で約25cm四方（厚さ約2㎜）にのばす。そのまま天板などにのせ、冷蔵室で30分ほど寝かせる。
2. 1の冷凍パイシートを取り出し、オーブン用シートをはがして、フォークで全体に穴をあける。型に冷凍パイシートを静かにのせ、角をしっかりと出すように敷き込み、上からめん棒を転がして、型からはみ出た生地を切り落とす。型ごと冷凍室で15分ほど冷やす。
3. 鍋に牛乳を入れて中火で熱し、しっかり煮立たせる。
4. ボウルに全卵を入れて泡立て器で溶きほぐし、グラニュー糖を加え、卵白を切るようにしてすり混ぜる。グラニュー糖が半分ほど溶けたら薄力粉を加え、粉けがなくなるまでさらに混ぜる。
5. 3の鍋の火を止め、ひと呼吸おいてから4のボウルに牛乳を2、3回に分けて加え、そのつどよく混ぜる。
6. 3の鍋に戻し入れ、全体をまんべんなく混ぜながら中火で熱する。煮立ったらさらに2分ほど火を通し、なめらかになるまで混ぜ続ける。火を止めてピンクペッパー小さじ2を手でつぶしながら加えⓒ、全体になじむように混ぜる。
7. 2の型に6を流し入れ、ゴムべらで表面を平らにならす。パレットナイフなどで洋梨をばらさずにⓓⓔ放射状に並べるⓕ（のせきれなかったら中央にのせるⓖ）。ピンクペッパー適量を散らす。予熱したオーブンで1時間ほど焼き、全体にしっかりと焼き色がつけばできあがり。型ごと網にのせて冷まし、粗熱がとれたら型からはずす。

FLAN

ドライフルーツと

甘みが凝縮された
ドライフルーツは、お菓子の
アクセントにぴったりの食材。
ぜいたくな仕上がりです。

FLAN
アプリコットとチョコレート
aux abricots sec et au chocolat

材料（18cmタルト型1台分）
冷凍パイシート　1枚
ドライアプリコット　60g
グランマルニエ　大さじ1
チョコレート（スイート）　30g
牛乳　250mℓ
全卵　1個分（50g）
グラニュー糖　60g
薄力粉　20g

下準備
○ドライアプリコットは耐熱容器に入れてかぶるくらいの熱湯をかけ、5分ほどおいて表面をふやかし、水けをきって2〜3等分に切る。グランマルニエと合わせて3時間〜ひと晩おく。
○卵は常温（約25℃）にもどす。
○冷凍パイシートは冷蔵室に30分ほどおいてやわらかくする。
○型の内側にバター（分量外）を薄く塗る。
○チョコレートは1cm角に切る。
○オーブンはほどよいタイミングで180℃に予熱する。

作り方
1 約30cm四方に切ったオーブン用シートを2枚用意する。1枚に冷凍パイシートをのせて生地の両面に打ち粉（分量外）をふり、もう1枚のオーブン用シートをかぶせ、上からめん棒で約25cm四方（厚さ約2mm）にのばす。そのまま天板などにのせ、冷蔵室で30分ほど寝かせる。

2 1の冷凍パイシートを取り出し、オーブン用シートをはがして、フォークで全体に穴をあける。型に冷凍パイシートを静かにのせ、角をしっかりと出すように敷き込み、上からめん棒を転がして、型からはみ出た生地を切り落とす。底に軽く汁けをきったドライアプリコットとチョコレートを均等に散らばるように並べ、冷凍室で15分ほど冷やす。

3 鍋に牛乳を入れて中火で熱し、しっかり煮立たせる。

4 ボウルに全卵を入れて泡立て器で溶きほぐし、グラニュー糖を加え、卵白を切るようにしてすり混ぜる。グラニュー糖が半分ほど溶けたら薄力粉を加え、粉けがなくなるまでさらに混ぜる。

5 3の鍋の火を止め、ひと呼吸おいてから4のボウルに牛乳を2、3回に分けて加え、そのつどよく混ぜる。

6 3の鍋に戻し入れ、全体をまんべんなく混ぜながら中火で熱する。煮立ったらさらに2分ほど火を通し、なめらかになるまで混ぜ続ける。

7 2の型に6を流し入れ、ゴムべらで表面を平らにならす。予熱したオーブンで1時間ほど焼き、全体にしっかりと焼き色がつけばできあがり。型ごと網にのせて冷まし、粗熱がとれたら型からはずす。

Note　○甘酸っぱいアプリコットと濃厚なチョコレート。2つの味が加わってフランのやさしい味わいが引き立つ。
○チョコレートはヴァローナ社のスイートタイプ「グアナラ」（カカオ分70%）を使用。少し大きめに切ることで、ごろっとした存在感が出る。
○子ども用にはドライアプリコットをグランマルニエに漬けなくてもよい。

FLAN

ラムレーズンとアーモンド

rhum raisins et amandes effilées

材料（18cmタルト型1台分）
冷凍パイシート　1枚
ドライレーズン　60g
ラム酒　大さじ2
牛乳　250㎖
全卵　1個分(50g)
グラニュー糖　60g
薄力粉　20g
アーモンドスライス　15g

下準備
○ドライレーズンは熱湯をかけて水けをきり、ペーパータオルで水けを拭き取る。ラム酒と合わせて3時間〜ひと晩おく。
○卵は常温（約25℃）にもどす。
○冷凍パイシートは冷蔵室に30分ほどおいてやわらかくする。
○型の内側にバター（分量外）を薄く塗る。
○オーブンはほどよいタイミングで180℃に予熱する。

作り方

1 約30cm四方に切ったオーブン用シートを2枚用意する。1枚に冷凍パイシートをのせて生地の両面に打ち粉（分量外）をふり、もう1枚のオーブン用シートをかぶせ、上からめん棒で約25cm四方（厚さ約2㎜）にのばす。そのまま天板などにのせ、冷蔵室で30分ほど寝かせる。

2 1の冷凍パイシートを取り出し、オーブン用シートをはがして、フォークで全体に穴をあける。型に冷凍パイシートを静かにのせ、角をしっかりと出すように敷き込み、上からめん棒を転がして、型からはみ出た生地を切り落とす。底に軽く汁けをきったラムレーズンを均等に散らばるように並べⓐ、冷凍室で15分ほど冷やす。

3 鍋に牛乳を入れて中火で熱し、しっかり煮立たせる。

4 ボウルに全卵を入れて泡立て器で溶きほぐし、グラニュー糖を加え、卵白を切るようにしてすり混ぜる。グラニュー糖が半分ほど溶けたら薄力粉を加え、粉けがなくなるまでさらに混ぜる。

5 3の鍋の火を止め、ひと呼吸おいてから4のボウルに牛乳を2、3回に分けて加え、そのつどよく混ぜる。

6 3の鍋に戻し入れ、全体をまんべんなく混ぜながら中火で熱する。煮立ったらさらに2分ほど火を通し、なめらかになるまで混ぜ続ける。

7 2の型に6を流し入れ、ゴムべらで表面を平らにならし、アーモンドスライスを散らす。予熱したオーブンで1時間ほど焼き、全体にしっかりと焼き色がつけばできあがり。型ごと網にのせて冷まし、粗熱がとれたら型からはずす。

ⓐ

Note　○アーモンドの香ばしさとラムレーズンのこくが楽しめる、リッチな味わいのフラン。
○ラムレーズンは市販のものを使ってもOK。

フランの仲間

卵液を加熱して固めるお菓子は
世界各国にあります。
配合はそれぞれ異なりますが、
素朴なおいしさと作りやすさは
共通するところ。
アレンジもしやすいので、
ぜひお試しください。

チェリーのクラフティ

clafoutis aux cerises

材料（バット1台分）
薄力粉　40g
グラニュー糖　40g
塩　ひとつまみ
全卵　1個分(50g)
生クリーム(乳脂肪分35％)　200mℓ
ダークチェリー(缶)ⓐ　100g
ダークチェリー(缶)のシロップ　大さじ2
レモン果汁　小さじ1
キルシュ　小さじ2
粉砂糖　適量

前日の下準備
○ダークチェリーはシロップ、レモン果汁、キルシュと合わせてひと晩おく。

下準備
○卵は常温(約25℃)にもどす。
○バットの内側にバター(分量外)を薄く塗るⓑ。
○オーブンはほどよいタイミングで180℃に予熱する。

作り方

1. ボウルに薄力粉をふるいながら入れⓒ、グラニュー糖と塩を加え、泡立て器で軽く混ぜ合わせるⓓ。中央にくぼみを作りⓔ、そこに溶きほぐした全卵を入れⓕ、泡立て器で円を描くように回しながら混ぜ合わせる。粉けが少し残る程度でOKⓖ。

2. 生クリームを2～3回に分けて加えⓗ、そのつど泡立て器で静かに混ぜる。全体がなめらかになったらOKⓘ。

3. バットにダークチェリーを汁を軽くきりながら並べⓙ、2をこし器でこしながら静かに注ぎ入れるⓚ。予熱したオーブンで50分ほど焼き、表面に焼き色がついて、指で押して軽い弾力があればできあがり。

4. ゴムべらを生地とバットのあいだに差し込んで側面をはがすⓛ。好みの大きさに切り分け、ゴムべらで底をはがしながら器に盛りⓜ、茶こしで粉砂糖をふる。

ⓐ ダークチェリー（缶）
紫さくらんぼの種を除き、シロップ漬けにしたもの。実が大粒でやわらかく、酸味と甘みのバランスがいい。焼き菓子に入れたり、トッピングやソースなどに使われる。

> *Note*　○クラフティはフランス、リムーザン地方の伝統菓子。カスタードプディングのような生地にチェリーの甘酸っぱさが染み込んだ、やさしい味わい。
> ○サクッとした表面の食感を楽しめる焼きたてがおすすめ。冷まして食べる場合はバットごと網にのせて冷ます。冷蔵室で2日ほど保存可能だが、翌日以降は全体がしっとりとしてくる。
> ○缶詰のくだものだけでなく、フレッシュなくだものを入れて焼いてもおいしい。いちご、アメリカンチェリー、いちじく、洋梨、巨峰など、季節のくだものでどうぞ。その場合はレモン果汁やリキュールに漬けなくてOK。また、子ども用に酒類を抜きたい場合は、キルシュを加えなくてもよい。

ファーブルトン
far breton

材料（プリンカップ8個分）
ドライプルーン　8個
ラム酒　大さじ2 +20mℓ
A
│　牛乳　200mℓ
│　生クリーム（乳脂肪分45%）　200mℓ
薄力粉　90g
グラニュー糖　65g+適量
塩　小さじ1/2
全卵　2個分（100g）
発酵バター（食塩不使用）ⓐ　20g

前日の下準備
○卵は常温（約25℃）にもどす。
○ドライプルーンは熱湯をかけて水けをきり、ペーパータオルで水けを拭き取る。ラム酒大さじ2と合わせてひと晩おく。当日の使う直前に汁けをきり、大きい場合は半分に切る。
○Aは混ぜ合わせる。
○ボウルに薄力粉をふるいながら入れ、グラニュー糖65gと塩を加え、泡立て器で軽く混ぜ合わせる。中央にくぼみを作り、そこに溶きほぐした全卵を入れ、泡立て器で円を描くように回しながら混ぜ合わせる。粉けが少し残る程度でOK。Aを2〜3回に分けて加え、そのつど泡立て器で静かに混ぜる。全体がなじみなめらかになったらラム酒20mℓを加え、静かに混ぜる。別のボウルで受けながらこし器でこしⓑ、空気が入らないようにラップをアパレイユの表面に密着させながらかけⓒ、冷蔵室に入れてひと晩おく。

当日の下準備
○プリンカップの内側にバター（分量外）を薄く塗りⓓ、グラニュー糖適量をスプーンで入れ、カップを回転させながら全体にまぶしてⓔ、余分なグラニュー糖は落とす。天板にカップを均等に並べる。
○オーブンはほどよいタイミングで180℃に予熱する。

作り方
1　プリンカップにプルーンを等分に入れⓕ、ひと晩おいた生地をレードルで静かに注ぎ入れるⓖ。それぞれのカップにバターを手で約1cm角にちぎって浮かべⓗ、予熱したオーブンに天板をセットして1時間ほど焼く。表面に焼き色がつき、竹串を刺してなにもついてこなければできあがり。熱いうちにペティナイフなどを生地とカップのあいだに入れて一周させⓘ、カップからはずして網の上で冷ます。

> **Note**
> ○外はカリッ、中はもっちりとした食感が特徴のフランス、ブルターニュ地方の郷土菓子。ラム酒とプルーンを合わせるのが定番。型の内側にグラニュー糖をまぶすことで焼いたときに表面がカリッとなり、バターを生地に浮かべて焼くことで、生地がしっとりする。ここでは発酵バターを使用しているが、普通のバター（食塩不使用）でも作れる。
> ○生地を冷蔵室でひと晩寝かせると粉と水分がなじみ、生地が均一になる。
> ○冷蔵室で2〜3日間保存可能。

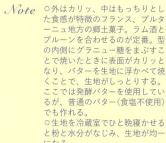

ⓐ **発酵バター**
原料となるクリームを乳酸菌で発酵させてから作られるバターのこと。芳醇な香りとさわやかな酸味が特徴。焼き菓子に使用すると、風味豊かで軽い仕上がりになる。

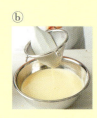 
ⓑ　　　　　ⓒ　　　　　ⓓ　　　　　ⓔ

ⓕ　　　　　ⓖ　　　　　ⓗ　　　　　ⓘ

オレンジの
パンプディング
pudding de pain à l'orange

材料（ココット6個分）
パン　60g
オレンジコンフィⓐ　30g
牛乳　200ml
全卵　2個分（100g）
卵黄　1個分（20g）
グラニュー糖　適量+40g
グランマルニエ　大さじ1

下準備
○卵は常温（約25℃）にもどす。
○ココットの内側にバター（分量外）を薄く塗りⓑ、グラニュー糖適量をスプーンで入れ、ココットを回転させながら全体にまぶして、余分なグラニュー糖は落とす（落としたグラニュー糖は生地に使う）ⓒ。
○バットにペーパータオルを敷き、ココットを均等に並べ、バットごとオーブンの天板にのせる。
○オーブンはほどよいタイミングで160℃に予熱する。

作り方
1　パンは手で約2cm角にちぎり、オレンジコンフィとともに、ココットに等分に入れるⓓ。
2　鍋に牛乳を入れて中火で熱し、人肌よりやや熱い程度（約40℃）にする。
3　ボウルに全卵と卵黄を入れて泡立て器で溶きほぐし、グラニュー糖40gを加え、卵白を切るようにして静かによく混ぜる。
4　2の牛乳を2〜3回に分けて加え、そのつど泡立て器で静かに混ぜる。グラニュー糖が溶けたら、グランマルニエを加えてさっと混ぜ、別のボウルで受けながらこし器でこす。卵液の表面にペーパータオルをかぶせ、静かにはずして気泡を取り除く。
5　レードルで4をココットに等分に注ぎ入れる。下のバットに湯（約40℃）をココットの1/3ほどの高さまで加え、予熱したオーブンに天板をセットし、20分ほど焼く。生地の表面を指で押して、軽い弾力があればできあがり。

Note
○イギリスなど、多くの国で作られているお菓子。プリンの原型に近い。ここではオレンジコンフィの風味でさわやかに仕上げた。焼きたてを熱いうちに食べるのがおいしいが、冷蔵室で冷やして食べてもよい。冷蔵室で2〜3日間保存可能。
○パンはレーズンパンや食パン、ブリオッシュなど、甘みのあるパンを使うとリッチな仕上がりになるのでおすすめⓔ。バゲットを使うとあっさりとした味に。硬くなったものでもよいので、パンが余ったときなどにぜひ。
○子ども用にはグランマルニエを加えなくてもよい。

ⓑ  ⓒ ⓓ ⓔ

ⓐ **オレンジコンフィ**
別名オレンジピール。オレンジの表皮を砂糖に漬けたもの。柑橘系のさわやかな香りとほろ苦さが特徴。お菓子やパンの生地などに混ぜて使われる。

高石紀子　Noriko Takaishi

菓子研究家。ル・コルドン・ブルー神戸校でディプロムを取得したのちに渡仏。リッツ・エスコフィエで学び、ホテル・リッツ、ブレ・シュクレなどの人気店でスタージュを経験。帰国後はフランス菓子の料理教室、アパレルブランド向けのケータリング、通信販売などを手がける。くだもの使いが巧みなケーキやサブレを得意とし、素朴ながら飽きのこない、エバーグリーンなおいしいお菓子を追究する。著書に『やさしい甘さのバナナケーキ、食事にもなるキャロットケーキ』『365日のクッキー』（主婦と生活社）。
http://norikotakaishi.com

調理補助	小田口直央　河井美歩
	成田麻子　茂木恵実子
撮影	三木麻奈
スタイリング	駒井京子
デザイン	三上祥子(Vaa)
文	野田りえ
校閲	泉敏子　河野久美子
編集	小田真一
撮影協力	UTUWA
	http://www.awabees.com

こっくり甘い濃厚プリン、まろやかな食感の伝統菓子フラン

著　者	高石紀子
編集人	小田真一
発行人	永田智之
発行所	株式会社主婦と生活社
	〒104-8357 東京都中央区京橋 3-5-7
	［編集部］☎ 03-3563-5321
	［販売部］☎ 03-3563-5121
	［生産部］☎ 03-3563-5125
	http://www.shufu.co.jp
製版所	東京カラーフォト・プロセス株式会社
印刷所	大日本印刷株式会社
製本所	共同製本株式会社

ISBN978-4-391-15219-7

十分に気をつけながら造本していますが、落丁、乱丁本はお取り替えいたします。お買い求めの書店か、小社生産部にお申し出ください。

Ⓡ本書を無断で複写複製（電子化を含む）することは、著作権法上の例外を除き、禁じられています。本書をコピーされる場合は、事前に日本複製権センター（JRRC）の許諾を受けてください。また、本書を代行業者等の第三者に依頼してスキャンやデジタル化をすることは、たとえ個人や家庭内の利用であっても、一切認められておりません。
JRRC［URL］https://www.jrrc.or.jp　［Eメール］jrrc_info@jrrc.or.jp
［TEL］03-3401-2382

Ⓒ NORIKO TAKAISHI 2018 Printed in Japan